KB088626

그래서 유럽풍이란 게 뭔가요

그래서
유럽풍이란 게
뭔가요

방랑 디자이너의
진짜 유럽 이야기

이은화 지음

폭스코너

차례

IMF 이후 아파트 분양의 광풍이 불던 2000년 초반, 나는 한 건설회사에 다니고 있었다. 브랜드 아파트의 인테리어를 디자인하는 일이었다. 가끔 개별 아파트를 디자인하기도 했지만, 주로 대량으로 지어지는 아파트의 전체적인 이미지를 관리하고 매뉴얼화 하는 것이 내 임무였다. 평형대별로 천편일률적인 인테리어를 생산해내는 일이니 단조로운 면도 없지 않았으나, 한편으로는 아파트의 브랜드 마케팅 작업에 일조하면서 다양한 분야의 사람들을 만나 협의하고 때론 다투기도 하며 열정을 불태운 시기이기도 했다.

당시 아파트 분양 카탈로그에 가장 많이 쓰였던 표현 중 하나가 '유럽풍'이라는 것이었다. 유럽풍 아파트, 유럽풍 디자인, 유럽풍 라이프 같은 말들이 난무했다. 아파트를 분양받는 사람들도 잘 모르고, 디자인을 하는 사람들도 정확하게 모르던 애매한 단어 '유럽풍'! 대략 추정하자면, 왠지 고급스럽고, 왠지 낭만적일 것 같고, 뭔지는 몰라도 하여간 좋을 것만 같은 '그 느낌'을 담은 말로 통용되었을 것이다.

그때 나는 이미 유럽을 경험한 상태였다. 밀라노에서 디자인과 인테리어 공부를 했기 때문이다. 하지만 일정 기간 거기서 살았다고는 해도 가난한 유학생이었던 나에게 유럽은 여전히 정서적으로 아득히 멀고 다른 세상이었다. 회사에서 분양 카탈로그에 수없이 '유럽풍'이라는 단어를 적어넣는 걸 보면서, 언젠가 꼭 다시 돌아가 '유럽풍'이라는 게 뭔지 제대로 겪어봐야겠다는 생각을 자주 했다. 그리움이기도 하고 여전히 동경이기도 한 그런 감정이었던 것 같다.

2007년 겨울, 나는 길고 치열했던 한 프로젝트를 끝낸 후, 직장에 사표를 내고 한국 생활을 정리했다. 오랜 고민 끝에 다시 이탈리아로 돌아가기로, 그래서 진짜 유럽을 겪어보기로 결심했기 때문이었다. 2008년 새해가 밝자마자 나는 이민 가방 두 개를 들고 비행기에 올랐다. 밀라노에 삶의 터전을 잡고, 인근 브리안자(Brianza)에 있는 인테리어 디자인 스튜디오에 취직했다. 그렇게 이탈리아에서의 삶이 다시 시작되었다.

밀라노가 이탈리아 디자인의 쇼룸으로 기능한다면, 브리안자는 이탈리아 디자인의 심장부에 해당한다. 오랜 전통을 가진 가구 공장들이 이곳에 모여 있기 때문이다. 우리가 알고 있는 대부분의 '명품' 가구들이 이 지역에서 생산된다. 따라서 브리안자에서 일한다는 것은 전 세계를 대상으로 일한다는 의미인 셈이다. 나는 브리안자에서 단순히 디자인만이 아니라 그들만의 생산방식과 체계를 배웠다.

당시 나는 보수적이고 배타적이기로 유명한 이 지역에서 유일한 동양인 디자이너였다. 독한 각오를 품지 않으면 버텨내기 어려웠다. 지역 디자이너들과 함께 프로젝트를 추진하며, 런던, 파리, 모나코 등 유럽의 도시들을 떠돌았고, 러시아, 카자흐스탄, 카타르, 두바이 그리고 심지어는 파나마에 이르기까지 세계 곳곳의 클라이언트들과 만났다. 방랑 생활에 지칠 법도 한데, 주말이면 프로젝트와 상관없이 저가 항공표를 사 들고 유럽의 다른 도시를 구경하러 떠나곤 했다.

이탈리아에서 큰 프로젝트를 몇 차례 끝내고 나자, 새로운 도전 의지가 솟구쳤다. 나는 새로운 회사를 경험해보고 싶어졌고, 그래서 이번에는 이탈리아를 떠날 채비를 했다. 유럽 여러 도시의 스튜디오들에 이력서를 보낸 끝에, 독일 쾰른의 호텔 전문 디자인 회사에 입사하게 되었다.

이탈리아를 떠나는 것이 아쉽긴 했지만, 왠지 합리적일 것만 같은 독일인들과 일한다는 생각에 무척이나 설레어서, 한국을 떠나 이탈리아로 올 때보다 기대감은 더 컸던 것 같다. 합격

소식을 듣자마자 가지고 있던 살림살이들을 벼룩시장에 다 내다팔고, 몇 가지 물건들만 작은 차에 실은 다음, 밀라노에서부터 거의 1,000킬로미터를 쉬지 않고 운전해 쾰른에 도착했다.

하지만 독일에서의 새로운 삶은 녹록지 않았다. 이탈리아에 처음 왔을 때보다도 더 좌충우돌이었다. 언어 문제는 그렇다 치더라도 이탈리아인과 독일인의 정서와 일하는 방식의 차이는 한국과 이탈리아 간의 차이보다 더 컸다. 이미 이탈리아의 삶에 익숙해진 나에게 독일인들의 사고방식과 대화 스타일은 넘을 수 없는 장벽처럼 느껴졌다.

일상의 모습 또한 많은 것이 달랐다. 이탈리아에서 입었던 팔랑거리는 원피스와 예쁜 신발들은 독일의 날씨와 자전거 출퇴근길에는 전혀 쓸모없는 물건이 되어 장롱 깊숙한 곳에 처박혔다. 쾰른으로 이사하고 한두 달이 지나서부터는 아예 화장도 필요 없을 정도였다. 하얀 식탁보가 깔린 예쁜 식당에서 우아하게 식사하는 대신, 돼지 다리에 칼을 푹 꽂아서 내놓는 전통 식당에서 식사를 하고, 가볍고 청량한 소리를 내는 와인잔 대신 둔탁한 맥주잔을 거칠게 부딪치는 모습이 일상이 되었다. 투명하고 화려한 쇼윈도들이 늘어서 있던 거리는 창고 같은 쇼윈도가 즐비한 골목으로 대체되었다. 쇼윈도에서 재미를 찾을 수 없게 된 후로는 시간이 나면 공원을 산책하고 자전거를 타고 강변을 달리며 혼자만의 시간을 보내곤 했다.

이 시기에, 그간 많은 유럽의 나라들을 여행하고 종종 체류하면서도 크게 느끼지 못했던 나라별 차이에 대해 실감할 수 있었다. 여태까지 유럽에서 산 것이 아니라, 그저 이탈리아에서 살았을 뿐이라는 사실을 깨달았다. '유럽풍'이란 이름으로 뭉뚱그려 보였던 것들이 갑자기 각기 다른 세상의 문물처럼 구분되어 보이기 시작했다.

독일에서 일 년을 보내고, 나는 다시 이탈리아로 돌아왔다. 새로운 언어를 습득하는 일에 대한 부담도 있었지만, 무엇보다도 이탈리아에 적응한 삶의 방식을 독일식으로 바꾸는 것이 너무 힘들었다. 나에겐 한국식을 이탈리아식으로 바꾸는 것보다 이탈리아식을 독일식으로 바꾸는 것이 더 어려웠다. 친절하고 차분하게 속마음을 내비치지 않고 나누는 독일식의 대화보다는, 가끔은 두번 다시 안 볼 것처럼 감정을 다 드러내며 다투더라도 속내를 가감 없이 토로하는 이탈리아의 방식이 차라리 편했다.

하지만 독일에서의 짧은 체류 경험은 나에게 질문을 남겼다. 이탈리아도 유럽이고 독일도 유럽인데, 이 두 나라는 왜 이토록 다른 것일까? 우리가 '유럽'으로 통칭했던 것의 실체는 대체 무엇이었을까?

그때부터 유럽의 여러 도시들을 여행할 때마다 그곳이 다른 유럽의 도시와 구별되는 특징을 찾아보는 습관이 생겼다.

굳이 강박적으로 찾아봤다기보다는, 이전에는 보지 못했던 차이점들이 자주 내 눈에 띄었다고 말하는 게 더 정확할 것이다.

바티칸 미술관에 가면 만나게 되는 미켈란젤로의 〈천지창조〉. 그 걸작에 채색된 유럽의 찬란한 하늘빛은 독일에서는 볼 수 없다는 것을 알게 되었다. 모네의 정원에서 보았던 파스텔톤의 색감은 파리의 서늘한 공기 속에서만 찾아볼 수 있는 것이었다. 각국의 조각상들도 생김생김이 다르다는 걸 알게 되었다. 그런 차이를 보게 되자 비로소 교과서에서 그토록 배우고 익혔던 바로크와 로코코의 진짜 의미도 이해할 수 있었다. 필립 스탁의 모던하고 기발한 디자인에 담겨 있는 아르누보의 춤추는 듯한 라인도 또렷이 보였다.

유럽에서 이십 년 가까이 살았다. 그 세월 동안 틈틈이 여행했던 추억을 되돌아보았다. 경험으로 느꼈던 나라 간의 차이에 대해 생각하며 나는 묻고 또 물었다. 어디서부터 달라졌는지, 왜 다르게 되었는지, 앞으로는 또 얼마나 달라질 것인지. 역사, 사회, 자연, 문화, 예술, 이 모든 것들이 하나둘 답을 알려주었다. 그렇게 얻은 답을 나의 일상 같은 여행, 또는 여행 같은 일상 이야기와 함께 담아보았다.

이은화

Italy

1

이
탈
리
아

미켈란젤로가 그린
피렌체의 하늘

Italy

1

제2의 고향 시에나

내가 처음 발을 디딘 이탈리아의 도시는 시에나였다. 여행 책자에만 의지해 여행을 다니던 시절, 그런 책자에조차 잘 나오지 않던 작은 도시였다. 그곳이 이탈리아에서의 첫 도시이자 유럽에서의 나의 고향이 되었다. 시에나에는 외국인들이 이탈리아어를 공부할 수 있는 과정이 개설되어 있었는데, 덕분에 관광객이 많지 않던 그 무렵에도 외국의 많은 젊은이들이 이탈리아의 문화와 언어를 배우곤 했다.

시에나는 토스카나의 주도(主都)인 피렌체와 경쟁적 관계를 이루며 중세와 르네상스 시대에 화려한 문화를 꽃피운 곳이다. 메디치가(家)라는 걸출한 가문의 활약으로 토스카나 문화의 패권은 피렌체로 넘어가버렸지만 말이다. 하지만 지금도 거리상으로 지척에 있는 이 두 도시는 토스카나의 가장 주된 관광지이자, 이탈리아의 중세와 르네상스를 아우르는 문화를 만날 수 있는 도시들이다.

한국을 출발한 비행기가 로마공항에 착륙한 다음 날, 다시 버스를 타고 시에나로 출발했다. 로마에서 버스로 두 시간 반을 달리면 시에나에 도착한다. 지금도 그렇지만 시에나의 기차역은 도심에서 약간 떨어진 외곽에 있어서, 기차보다는 버스를 이용하는 편이 좀 더 수월하게 시에나의 중심지에 도달할 수 있다.

그날 버스에서 내려 시에나에 처음 발을 디뎠을 때, 성당의 저녁 종이 울리고 있었다. 저녁 종소리를 제외하고는 세상이 쥐 죽은 듯 조용했다. 마치 영화나 소설에 등장하는 중세의 마을 같았다. 시간이 어느 순간 멈춰버린 듯했다. 내가 타고 온 타임머신(시외버스) 외에도 가끔 차들이 오가곤 했는데, 그런 차들마저 없었더라면 정말이지 우주의 시간을 거슬러 올라온 게 아닐까 착각할 뻔했다. 세상과 단절된 중세의 마을에서 나의 새로운 생활이 막 시작되려는 참이었다.

겨울의 이탈리아는 우기에 해당한다. 로마공항에 내렸을 때부터 흐렸던 날씨는 시에나에 도착한 지 며칠이 지나도록 변함이 없었다. 처음 며칠간 단 한 번도 해가 뜨는 날이 없었다. 계속 비가 와서인지, 세상은 온통 무겁고 어둡게 젖어 있

○

중세의 도시 시에나의 좁은 골목길

었다. 이것이 고온건조 온난다습이로구나. 지리 시간에 외웠던 기후조건을 몸소 느낄 수 있었다.

'오 솔레 미오'는 도대체 어디에 있는 것일까? 그 처음의 며칠 동안은 정말 참기 힘들 만큼 우울했다. 새해 첫날, 떡국 한 그릇을 비우곤 곧장 비행기를 타고 열한 시간을 날아 이곳에 왔다. 열한 시간이 짧은 시간은 아니지만, 그래 봤자 한국에서 먹은 떡국이 소화되는 정도의 시간에 불과한데, 어쩌다 나는 이토록 우울한 날씨의 중세로 거슬러 올라와 있게 된 걸까?

나는 기념품 가게에서 캄포 광장 사진이 박혀 있는 엽서를 사서, '영화 〈아마데우스〉에서 모차르트가 죽어 나간 골목 같다'라고 적어 한국의 몇몇 친구들에게 보냈다.

칙칙하던 중세의 골목에 며칠 만에 햇빛이 들었다. 비가 그치고 구름이 걷히자 햇빛이 마을에 쏟아졌다. 그날 처음, 토스카나의 작은 마을에 햇살이 구석구석 파고드는 것을 보았고, 덕분에 오랫동안 맑은 하늘을 올려다볼 수 있었다.

그날 나를 놀라게 한 것은 햇빛이 아니라 하늘이었다. 그 하늘은 내가 여태 보아온 하늘 중 가장 푸르렀다. 당시의 내 기분으로는 한국의 가을 하늘보다도 더 선명하고 푸르게 보였다.

시에나는 도시의 모든 건물이 주황과 베이지를 섞어놓은 듯한 색으로 조성되어 있다. 오래된 시내 중심 건물은 물론이고, 최근에 세워진 새 건물들도 언제나 같은 색의 벽돌로 지

시에나 캄포 광장 앞의 만자탑과 시에나 시청

어진다. 법으로 정해져 있어서 다른 색은 허용되지 않는다. 시에나 땅 색이라 할 색감의 벽돌로 지어 도시 고유의 색상을 지키는 것이다. 지금은 그 색깔 자체가 도시의 이름을 따서 '시에나'라고 불리게 되었다.

도시의 모든 건물이 시에나 색의 벽돌로 지어진, 하늘이 빠끔하게 보이는 중세의 좁은 골목길에서, 나는 도시의 색상과 보색의 대비를 이루는 청명한 파란색 하늘을 보았다. 일부러 채색한 것도 아닌데, 시에나 색의 건물과 푸른 하늘이 만들어내는 대비는 환상적인 조화를 이루었다. 나는 그때 처음으로 색이 주는 유희에 온전히 사로잡혔다.

그때까지 나는 한 번도 일상에서 이러한 극명한 보색의 대비를 의식한 적이 없었던 것 같다. 오로지 이곳의 땅과 대기가 어우러져 만들어낸 조화였다. '모차르트가 죽어 나간 골목'이라고 내가 이름 붙일 만큼 칙칙했던 골목은 햇빛을 받아 주황빛으로 빛나고 있었고, 파란 하늘과 어우러진 시에나는 생기가 흘러넘치는 유쾌한 도시로 변모해 있었다. 태양이 선사한 빛과 맑은 공기가 안겨준 쾌청함이 골목골목 그득했다.

겨울의 시에나에는 종종 선물같이 맑은 날이 찾아왔지만, 대부분의 날들은 구름이 가득했다. 한번은 어마어마하게 많은 눈이 와서 캄포 광장에서 박스 썰매를 타는 예상치 못한 이벤트가 벌어지기도 했다. 나는 어느새 시에나의 기후에 적응하고 있었다.

첫 번째 이탈리아 여행, 피렌체에서 로마로

시에나 생활이 두 달 정도 되었을 때, 한국에서 옛 회사 동료 두 명이 로마로 여행을 왔다. 이국에서 옛 친구를 만나는 건 엄청나게 설레는 일이었다. 얼른 로마로 달려가야 했다. 로마로 가는 방법은 두 가지였다. 우선 로마에서 시에나로 처음 왔을 때처럼 좀 오래 걸려도 버스를 타고 한 번에 가는 방법이 있다. 조금 더 빨리 가고 싶다면 피렌체에서 기차를 타고 가면 된다. 나는 이번에는 근교에서 가장 큰 도시인 피렌체로 버스를 타고 나가, 산타 마리아 노벨라 역에서 기차를 탔다.

다행히 그 무렵의 며칠은 비가 뜸했다. 시에나에서 피렌체까지 향하는 동안 버스에서 올려다본 하늘과 자연의 풍경이 그렇게 청명할 수가 없었다. 굽이굽이 펼쳐지는 능선과 눈부시게 파란 하늘, 뭉게구름의 그림자가 수를 놓은 낮은 언덕들이 보였다. 산타 마리아 노벨라 역에 도착해 심호흡을 한 번 하고 하늘을 바라보았다. 그날 기차를 타기 직전 바라본 피렌체의 하늘은 여행을 떠나는 내 기분만큼이나 또렷하고 상쾌했다.

로마에 도착해서 패키지여행으로 온 동료들과 합류해 도시를 구경했다. 첫 로마 여행은 두말할 것도 없는 경이로움의 연속이었지만, 그중에서도 나를 사로잡은 단 하나의 대상을 꼽자면 바로 미켈란젤로였다. 로마 여행을 하다 보면 미켈란젤로가 얼마나 대단한 사람인지 새삼 다시 생각하게 된다. 캄피돌리오 언덕의 파격적이면서도 과학적인 설계, 성모 마리아의 슬픔이 절절하게 느껴지는 산피에트로 대성당의 피에타, 그리고 바티칸의 〈천지창조〉와 〈최후의 심판〉…. 로마를 거닐다 보면 도시 곳곳에 배어든 천재의 숨결에 탄복하지 않을 수 없다.

우리는 가이드의 안내를 따라 바티칸 박물관의 여러 전시 공간을 구경했다. 조각상들이 있는 공간도 지나갔고, 다양하고 정교한 보물들이 있는 곳도 지났으며, 〈아테네 학당〉이 있는 라파엘로의 방도 거쳤다. 금빛 찬란한 시스티나 성당의 복도를 지나, 마침내 바티칸의 하이라이트라 할 미켈란젤로의 〈최후의 심판〉과 〈천지창조〉가 있는 방 앞에 이르렀다.

패키지여행에서는 어디가 하이라이트이고 무엇을 주목해야 하는지 미리 알려준다. 관람 팁이나 주의사항도 사전에 일러준다.

가이드는 일행에게 여기서는 절대 사진을 찍으면 안 된다고 신신당부했다. 미켈란젤로의 작품을 복원할 당시, 일본 NHK의 지원을 받았기 때문에 이미지의 출판권은 NHK가 갖게 되었다는 것이었다. 〈최후의 심판〉의 복원이 완료된 해가

○

로마의 캄피돌리오 언덕. 미켈란젤로가 설계한 광장이다.

1994년이었다. 나는 복원된 〈최후의 심판〉을 어떠한 매체를 통해서도 본 기억이 없었다. 지금 같았으면 복원과 동시에 인터넷을 통해 전 세계에 퍼졌겠지만, 그 당시는 모든 것이 지금처럼 빠르고 손쉽게 퍼져나가던 시절이 아니었다. 인터넷이 일상화되지 않았던 시절이니 각별하게 애쓰지 않으면 〈최후의 심판〉 복원판의 모습을 보기가 쉽지 않았다. 그러므로 작품이 복원된 지 몇 년이나 흐른 그 시점에도, 내 머릿속의 〈최후의 심판〉은 여전히 복원 이전의 색감을 가지고 있었다.

마침내 〈최후의 심판〉이 그려진 천장을 보러 들어갔다. 잠깐의 웅성거림이 곧 탄성으로 이어졌다. 이후 바티칸 미술관을 몇 번 더 방문했는데, 이 탄성만큼은 항상 변함이 없었다. 벽화와 천장화의 웅장함과 정교함에 사람들은 저도 모르게 소리를 내고 만다. 관리요원이 크게 "쉿" 하며 조용히 하라는 사인을 보내는 경우도 다반사다.

그런데 나는 〈최후의 심판〉을 볼 때마다 그 웅장함이나 정교함 때문이 아니라 너무도 선명한 하늘색에 소스라치게 놀라곤 한다.

미켈란젤로의 하늘

그때까지 내가 상상해온 〈최후의 심판〉은 그 제목만큼

이나 음산했고, 무서운 심판을 기다리는 상황에 걸맞게 온통 어두웠다. '신의 심판이란 정녕 이런 것인가?'라고 생각할 만큼 무겁고 음울하기만 했다. 신의 준엄한 심판이 지닌 무게감에는 그 편이 어울렸다. 그때까지만 해도 고전의 기품이란 중후함과 무게감에 있다는 편견이 있었던 것 같다. 종교적인 거룩함과 경외감도 반영되어 있어야만 했다. 미켈란젤로라는 불세출의 천재가 영혼을 다해서 만들어낸 작품이라면 응당 그런 무게감이 담겨 있어야 한다고, 고집스럽게 생각하고 있었던 것 같다.

그런데 그날 내가 보았던 〈최후의 심판〉은 어땠는가? 최후의 심판을 암시하는 무겁고 음울한 하늘이 아니었다. 고전의 무게감이 잔뜩 서린 그런 하늘이 아니었다. 천재의 고뇌가 담긴 어두운 빛이 아니라, 마치 어린아이가 색칠한 듯 더없이 청명한 빛깔이었다. 미켈란젤로가 내가 생각했던 그런 신비로운 그림을 그린 것이 아니었다니! 저 파란 하늘의 색감은 내 머릿속의 그림에 비해 너무나도 유치하지 않은가.

더 배신감을 느꼈던 사실은 내가 고전의 아름다움이라고 여겼던 그 중후하고 신비로운 색감의 정체가 다름 아닌 세월의 때였다는 점이었다. 원작 위에 덧입혀진 먼지, 습기, 각종 오염물질이 만들어낸 손상된 색상이었던 셈이다. 당시엔 정말 원망스럽기까지 했다. 쓸데없이 복원하는 바람에 내 상상 속

미켈란젤로의 〈최후의 심판〉

걸작이 훼손되어버린 느낌이었다.

　나중에 들은 얘기로는 복원이 잘못되어서 기존의 색보다 경박한 색상이 되었다고 평가하는 의견도 없진 않았다고 한다. 어쩌면 그런 사람들도 나처럼 고전에 대한 편견을 가지고 있었을지도 모른다. 하지만 사람들이 그렇게 우기고 싶어 하는 이유가 없는 것은 아니다. 어느 누구도 미켈란젤로가 처음 그렸을 당시의 모습을 직접 목격하진 못했을 테니까 말이다.

　잠시 어릴 적 미술 시간을 떠올려보았다. 저학년 때는 크레파스를 사용해서 그림을 그리는 것이 일반적이다. 처음엔 열두 색 크레파스를 사용하다가, 조금 더 자라서는 스물네 가지 색 크레파스를 쓰게 되었다. 열두 색 크레파스에는 일곱 가지 무지개 색상 이외에 검은색과 흰색이 있고, 거기다 살색, 갈색, 하늘색이 있었던 것으로 기억한다. 기본 열두 가지 색상을 이렇게 지정한 데는 의미가 있을 것이다. 우선 아이들에게 사람을 그리게 하려고 살색을 포함시켰을 것이다. 요즘엔 살색이란 용어는 인종 차별적인 의미가 담겨 있다고 여겨 사용하지 않는다. 갈색은 바닥의 배경과 나무를 그리게 하려고, 하늘색은 하늘과 공기를 배경으로 삼기 위해 포함시켰을 것이다.

　그런데 요즘 열두 색 크레파스를 다시 구성한다면? 흙길이 아닌 아스팔트를 그려야 할 테니 갈색 대신 회색을 넣어야 할 것이다. 어쩌면 하늘색도 회색으로 대체할 수 있을지 모른다. 조금 인심을 쓴다면, 채도가 많이 낮은 블루그레이를 기본 색상으로 구성할 수도 있다. 크레파스가 아니라 물감을 사용하는 시기가 되면, 아이들은 하늘을 칠할 때 파란색에 좀 더 많은 흰색을 섞어 채도를 떨어트려야 할 것이다. 어쩌면 검정을 살짝 넣어 미세먼지 가득한 하늘을 표현할 수도 있을 것이다.

어린 시절 어른들은 "하늘은 하늘색으로 칠해야 한다"라고 말하곤 했다. 최소한 나와 같은 세대라면 흰색보다 푸른 물감을 더 많이 섞어 만든 파란색으로 하늘을 그려왔을 것이다. 하늘색을 만들고 싶으면 검은색이 아니라 파란색을 섞는 게 당연한 일이었다. 요즘 아이들은 그런 하늘을 본 기억이 별로 없을 테니, 공감하지 못할지도 모르겠다.

미켈란젤로가 그린 〈최후의 심판〉의 하늘에서는 흰색의 비율이 거의 느껴지지 않았다. 흰색의 채도라고 느껴지는 부분은 프레스코화의 바탕 석고에서 스며 나오는 정도뿐이었다. 어느 한구석에서도 검정이 섞인 부분은 발견할 수 없었다.

그러다 문득 깨달았다. 그 원색의 하늘은 어느 햇빛 좋은 날 시에나에서 보았던 바로 그 하늘이라는 것을. 시에나 특유의 주황색 벽돌과 보색 대비를 이루던 그 티 없이 맑은 하늘, 시에나에서 피렌체로 가는 버스 안에서 창을 통해 내다보았던 그 명랑한 하늘, 산타 마리아 델 피오레 대성당의 거대한 돔이 닿아 있던 그 푸른 하늘이었다.

그 하늘은 이탈리아행 비행기에서 바라본 김포공항의 하늘과 달랐다. 어린 시절, 골목길에서 놀면서 바라보았던 마포의 하늘도 아니었다. 그 하늘은 시에나와 피렌체, 로마의 하늘이었다. 그 옛날 미켈란젤로가 평생 매일같이 바라보았을 바로 그 하늘이었다.

대기오염이 없었을 그 시절, 미켈란젤로가 보았던 피렌체와 로마의 하늘은 지금보다 더 투명한 파란색이었을지도 모른다. 석고에 스며들며 얼마간 혼탁해지는 파란색을 보며, 미켈란젤로는 실제의 하늘과 똑같이 표현할 수 없다는 사실을 한탄했을지도 모른다.

다시 생각해보면, 피렌체 사람 라파엘로의 〈아테네 학당〉도 그런 하늘빛을 가지고 있었다. 〈최후의 심판〉보다는 채도가 약간 떨어지긴 했지만, 그 청량함만은 아주 비슷했다. 나는 지금 이곳에서 그때 그들이 바라보았던 하늘을 바라보고 있는 것이다. 마치 거장들과 비밀을 공유한 듯 마음이 두근거렸다. "나는 당신들이 무엇을 그렸는지 알고 있어"라고 혼자 속삭였다.

피렌체의 하늘은 피렌체라서 아름다웠다

반년 후 나는 시에나에서 어학 공부를 마치고, 밀라노로 상경했다. 사실 육 개월간 세월을 잊고 살다가 밀라노라는 도

피렌체 대성당 산타 마리아 델 피오레

시의 삶으로 들어왔을 때, 하늘이니 날씨니 하는 것들은 중요한 문제가 아니었다. 새로운 도시 생활에 익숙해져야만 했던 그때는 소매치기를 당하지 않을까 온통 신경이 곤두서 있어서 하늘을 올려다볼 여유가 없었다. 흰색에 가까울 만큼 밝은 회색의 건물이 많은 밀라노에서는 채도가 떨어지는 하늘이 꽤 괜찮은 조화를 이룬다고 언뜻 느꼈을 뿐이다. 시에나에서처럼 주황색 벽돌과 푸른 하늘이 이루는 명쾌한 보색대비는 더 이상 볼 수 없었지만, 늦가을부터 초봄까지 형성되는 저채도의 창백한 하늘과 밝은 회색의 대리석이 주는 도회적인 느낌이 나름의 운치를 자아냈다.

라파엘로, 미켈란젤로 그리고 레오나르도 다 빈치 등 이탈리아의 뛰어난 천재들에 의해 르네상스 회화는 그 정점에 이르게 된다. 유럽 세계는 이탈리아의 르네상스 회화를 앞다투어 배우려 했다. 그 영향을 받은 작품들이 스페인, 독일, 네덜란드, 벨기에 등지에서도 나타나기 시작했다.

풍경화가 시작된 것도 르네상스 시기의 특징 중 하나다. 신앙을 표현하는 데만 치중하던 중세 세계에서 벗어나 화가들은 인간 세계를 표현하기 시작했고, 더불어 자연의 풍광을 담기 시작했다.

당시엔 유럽 전역에서 이탈리아 화풍에 얼마나 근접했는지가 회화에 있어 가장 큰 화두였다. 그러다 17세기 들어 무역이 발달하면서 지형적으로 북쪽에 위치한 네덜란드가 부를 축적하게 되었다. 그러자 부는 곧 문화의 발달로 이어지게 마련이어서 네덜란드 회화는 크게 발전하게 된다. 이 당시 네덜란드에서 풍경화가 본격적으로 등장하기 시작했다. 당대의 자연환경, 그 당시의 삶의 모습들이 구체적으로 표현되어 있어, 그 시대상을 상상할 수 있는 꽤 정확한 자료가 되기도 한다.

여러 미술관을 다니며 이런 풍경화들을 볼 때마다 나는 항상 미켈란젤로의 하늘을 떠올리곤 했다. 하물며 피렌체와 밀라노에서도 다른 색감을 발견했는데, 피렌체와 네덜란드, 피렌체와 벨기에의 하늘이 다르다는 것은 두말할 나위 없다. 나는 언제나 그림 속의 하늘과 그 도시의 하늘을 비교하곤 했다. 그 하늘의 색감을 그림에 대입해보는 것이 습관이 되었다. 어느 정도의 오차는 있더라도 나는 언제나 미술관 안의 그림에서 미술관 밖의 하늘을 찾아냈던 것 같다.

물론 하늘의 색감만 다른 게 아니다. 바다, 풀, 숲 등 뭐 하나 똑같은 법이 없다. 그러니 그림을 통해 직접 가보지 않은 세계를 눈앞에 떠올려볼 수도 있다. 실제 그림은 당시 사람들에게 가보지 않은 곳을 펼쳐서 보여주는 도구이기도 했을 것이다.

요즘은 인터넷만 연결되면 전 세계 곳곳을 둘러볼 수 있지만, 수백 년 전의 사람들에게는 그들이 살아가는 공간이 곧 세상의 전부였을 것이다. 화가들은 그들이 살아가는 공간을

○

피렌체 산타 마리아 노벨라 성당의 파사드와 경쾌하게 어우러진 푸른 하늘 그림에 담아냈을 것이다. 예술가의 상상력이란 무한하며 예술 작품이 지닌 표현의 세계도 넓다지만, 자연에 비하면 인간은 한없이 작은 존재가 아닐까? 인공적인 환경이 지배하지 않았던 시절, 자연이 인간에게 미친 영향은 우리가 상상하는 것보다 큰 힘으로 작용했을 것이다.

때론 예술가들이 살았던 곳의 환경이 그들의 작품을 설명해주기도 한다. 시에나의 벽돌은 왜 시에나 색이며, 피렌체 사람 미켈란젤로는 왜 〈최후의 심판〉 속 하늘을 눈부시게 파랗게 묘사했는지 말이다. 그 파란 색감은 미켈란젤로가 바라보았던 하늘의 색감이었다. 다비드상 머리 위로 펼쳐진 바로 그 하늘이었던 것이다.

축제가 된 페어,
살로네 델 모빌레

인생을 바꾼 디자인 페어

2001년 밀라노 가구전은 나에게 마치 놀이터와 같았다. 나는 이 세상에 하나밖에 없는 최고의 놀이터에서 마음껏 웃고 떠들며 즐겼다. 그것은 완전히 새로운 경험이었다.

그로부터 일 년 전, 막 여름이 끝난 9월. 지겨운 어학코스를 마치고 드디어 전공 공부를 시작하게 되었다. 내가 선택한 전공은 인테리어였다. 하지만 그때까지도 내 머릿속엔 건축은 무엇이고, 인테리어는 무엇이며, 디자인은 무엇인지, 뭐 하나 명확한 게 없었다. 건축에 비해 뭔가 좀 더 아기자기한 것이 인테리어인가? 좀 더 감각적인 측면을 말하는 건가? 나를 머리 아프게 했던 건축구조 따위는 잊고 살아도 되나? 내 마음대로 디자인하면 되는 건가?

전공 공부는 시작부터 벅찼다. 우선 나의 이태리어 실력이 전공 수업을 따라가기에 터무니없이 부족했다. 언어와는 거의 사투를 벌여야 했다. 교수님과의 대화는 도무지 알아들을 수 없었고, 그러니 당연히 나의 의견을 내세울 수도 없었다. 이탈리아 학생들이 그림 하나를 그려와 열 마디, 백 마디로 표현하면, 나는 백 개의 그림을 그려와 한마디로 표현해야 했는데, 백 마디의 표현이 언제나 더 설득력 있게 마련이었다.

당시에는 그것이 단지 외국어 구사력의 차이라고만 생각했다. 외국인 학생이 지닐 수밖에 없는 한계 정도라고. 나중에 깨달은 바이지만, 나는 모국어로도 그림 하나를 제대로 설명할 능력이 없었던 거였다. 단순히 언어 문제가 아니라, 백 개의 이야깃거리를 하나의 그림에서 찾아내는 열정과 그런 사고의 과정을 이해하지 못했던 거였다. 나는 말하지 않고도 세상을 표현할 수 있는 일을 하고 싶다고 생각해왔는데, 순수예술이나 되어야 그게 가능할 것 같았다. 역시 나중에야 알게 된 것이지만, 순수예술 또한 백 마디의 말이 필요한 일이었다.

전공 공부를 시작하기 전, 나는 인테리어라는 것이 건축에 비해 창작자에게 더 많은 자유가 허용된 영역일 것이라는 막연한 기대를 품고 있었다. 수업 방식은 자유로웠지만, 그런 자유로운 방식을 따라가기에 나의 사고가 자유롭지 못했다. 그때까지도 디자인의 개념이 충분히 정립되지 않았던 터라,

인테리어는 여전히 답답한 과업이었다.

이러저러한 이유로 나는 그때부터 스케치북을 들고 그림을 그릴 수 있는 곳을 기웃거렸다. 전공 공부 대신 그림을 그리러 다닌 것이다. 동네 평생수업학교에서 할머니, 할아버지들과도 그림을 그리고, 취미학교에서 이웃들과도 그림을 그렸다. 그해가 지나면 국립미술원에 지원해서 본격적으로 회화 공부를 해보려고 마음먹고 있었다.

그렇게 암울한 한 해를 보내고 봄이 왔을 때, 밀라노 가구전이 시작되었다. 이 기간은 수업보다도 페어에 참여해 현장감을 체험하는 것이 중요하다는 이유로, 학교에서 단체로 페어장을 찾아가곤 했다. 나는 학교에서 가지 않는 날에도 밀라노 시내의 쇼룸을 여기저기 돌아다니며 마음껏 다양한 제품과 행사들을 구경했다.

가장 유명한 컨벤션센터인 '로 피에라(Rho Fiera)'는 2004년 밀라노 외곽에 처음 문을 열었다. 현재는 굵직한 페어들이 대부분 여기서 개최된다. 로 피에라 이전에 메인 페어를 담당했던 '피에라 밀라노 시티'는 소규모 페어들이 개최되는 공간으로 정립되었다.

로 피에라가 아직 생기기 전이었던 당시에는 시내에 있는 작은 페어에서 가구전이 진행되었는데, 이곳이 지금은 '피에라 밀라노 시티'로 불리는 데가 되었다. 이 페어장은 로 피에

○

밀라노 외곽의 로 피에라.
전 관을 사용하는 유일한 페어는 밀라노 가구전뿐이다.

라와 비교하면 터무니없이 작은 규모이다. 그래도 우리나라의 코엑스와 비교하면 어마어마한 규모여서, 처음 페어를 찾았을 때 나는 시골에서 갓 상경한 소녀처럼 어리둥절했었다. 학교와 집만 오가며 쉴 없이 몰아치는 작업 과제에 매몰되어 살던 나는 집과 학교라는 울타리 밖의 밀라노에 대해서는 전혀 몰랐던 것이다. 게다가 그림을 그리겠다는 생각에 인테리어 전공은 올해로 끝이라고 생각하고 있었으니 이런 거대한 페어장에 대해서도 알고 있을 리 만무했다.

그런 나의 눈앞에 갑자기 펼쳐진 형형색색의 가구들과 마법 같은 조명들, 그리고 전시 부스에서 멋지게 차려입고 뭔가 전문적인 대화를 나누는 듯한 이탈리아인들의 모습은 가히 충격적이었다. 나는 여태 무엇을 보고 무엇을 생각하고 무엇을 배워온 것인가. 그때까지 건축, 인테리어, 가구, 디자인 예술들을 제각기 동떨어진 것으로 인식해왔는데, 이 모든 것들이 한꺼번에 뒤섞여서 눈앞에 펼쳐져 있는 것이었다. 나로서는 쓰나미를 마주한 것만 같았다. 더군다나 그토록 멋지게 차려입은 사람들이 당당하고 자신만만하게, 때론 즐겁고 때론 심각하게 대화를 나누는 장면이 얼마나 멋져 보이던지. 내가 얼마나 촌스럽고 보잘것없는 존재처럼 느껴졌던지. 정말이지 어딘가에 숨고 싶을 지경이었다.

그해 내가 디자인에 대해서 무엇을 보고 무엇을 배웠는

○

밀라노 가구전의 익숙한 광경.
다양한 회사들의 디자인에 대한 비즈니스가 이루어진다.

지는 이제 와서는 또렷이 기억나지 않지만, 그 쓰나미 같았던 충격만큼은 아직도 내 머릿속에 생생하게 남아 있다. 나는 그때 결정했다. 여전히 뭐가 뭔지 잘 모르겠지만, 그래도 계속해보자고. 어쩌면 아주 재미있는 일들이 내 인생에 펼쳐질지도 모르겠다고. 그렇게 결심한 후로는 더 이상 할머니, 할아버지들과 그림을 그리는 곳에 나가지 않았다. 지금 하는 공부에 제대로 집중하는 것이 더 중요하다고 생각했기 때문이다.

토르토나 13번지의 추억

또 한 해가 지나, 내 인생의 두 번째 밀라노 가구전이 찾아왔다. 나는 두 번째 밀라노 가구전이 시작되기 전, 이미 마음의 준비를 하고 있었다. 올해는 무엇을 목격하게 될까, 어떤 쓰나미가 몰려들까, 페어가 시작되기 며칠 전부터 나의 마음이 온통 설레었다. 가구 비평 수업을 담당하시는 교수님이 행사가 열리는 첫날, 오후 6시경 '토르토나 13번지'에 있는 슈퍼스튜디오라는 곳에 가보라고 말씀하셨다. 학교 친구 몇 명과 포르타 제노바 역에서 만나, 역 뒤편으로 난 오래된 철계단을 오르고 토르토나의 작은 골목길에 있는 여러 상점들을 지나쳐 13번지에 도착했다.

이 거리는 밀라노에서 상대적으로 개발이 뒤처진 남쪽

포르타 제노바 기차역 부근의 좁은 길이었다. 오래전에는 주로 기계들과 전기 부품들을 생산하는 공장들이 주를 이뤘던 곳이며, 이후 부분적으로 과일이나 식품 창고 용도로 사용된 공장이 많았다. 1970년대에 들어 이 대규모 창고들은 작은 규모로 나뉘어 수공업을 하는 사람들에게 임대되었다. 이후 밀라노의 도시 확장에 따라 이 지역이 부의 중심 지역으로 변모하면서 많은 생산공장과 창고들이 이 지역을 떠나게 되었다. 일부 창고들은 여전히 수입업자들이 인수해 사용하고 있지만, 일부는 다른 목적으로 팔렸다.

1983년, 그런 창고 중 한 곳인 13번지에 슈퍼스튜디오 그룹이 오픈했는데, 이것이 토르토나 거리가 디자인의 벤처로 자리 잡는 출발점이 되었다. 이들 슈퍼스튜디오 그룹은 이 공간을 《보그》, 《돈나》, 《아미카》 등 다양한 패션 잡지의 사진 촬영을 위한 스튜디오로 사용했다. 오래된 창고 건물은 걸리적거리는 게 없는 넓다란 공간이 필요한 사진 촬영 작업에 최적의 조건을 갖추고 있었다. 슈퍼스튜디오 그룹은 이곳에 각종 장비와 기술적인 지원을 할 수 있는 시설들을 갖추었는데, 이후 이탈리아의 패션산업을 위한 사진작가를 양성하고 배출하는 장소로 자리 잡았다.

2001년 밀라노 가구전 기간, 이들이 토르토나 13번지에 디자인 이벤트를 열었을 때, 이들의 비전을 알고 있던 사람들에게는 그리 놀라운 일이 아니었다. 이것이 밀라노 디자인 위크의 시작이자, 푸오리 살로네(Fuori Salone)의 진정한 시작이었다. 푸오리 살로네란, 밀라노 시내에서 자유롭게 즐기는 밀라노 디자인 위크 이벤트를 뜻한다.

물론 이전에도 《인테르니》라는 유명 인테리어 디자인 잡지사에서 기획해, 시내의 쇼룸들이 '인테르니'라는 깃발을 달고 개별 행사를 진행하기는 했었다. 하지만 대부분 쇼룸을 자유롭게 오픈해 사람들의 방문을 유도하는 것 이상은 아니었다. 이 역시 푸오리 살로네의 근간이 되긴 했지만, 새로운 유형의 이벤트를 제시하는 정도까지는 아니었다.

그날 나는 이곳 토르토나 13번지에서 친구들과 어울리며 세상에서 가장 재미있는 파티를 경험했다. 2,000제곱미터의 오래된 창고 건물은 하나의 작은 페어 공간이 되었는데 그것은 페어라기보다는 일종의 파티에 가까웠다. 그해 그 행사에 참여한 업체는 '카펠리니'였는데 이탈리아 동시대 디자인의 선구 주자인 카펠리니가 직접 그곳에 와 있다는 사실 또한 이벤트의 가치를 더욱 빛내주었다.

우리는 그곳에서 아무 데나 앉아 마음 내키는 대로 떠들며 디자인에 대한 담소를 나누었다. 주최 측에서 제공하는 스파클링 와인을 마시고 스낵을 먹으며 분위기에 한껏 취했다. 슈퍼스튜디오의 첫 행사는 대성공이었다. 페어장에서의 표면적이고 형식적인 양식과 달리, 푸오리 살로네의 행사는 자유롭고 격의 없었다. 그곳에서는 좀 더 자유롭게 사람들과 어울리는 재미가 있었다. 친숙한 파티에 온 느낌이어서, 행사에 깊이 참여하고 있다는 기분이 들었다. 그야말로 아름다운 밤이었다.

2001년 토르토나 13번지의 슈퍼스튜디오 행사는 최초로 페어 공간 밖에서 열린 조직된 행사였으며, '푸오리 살로네'의 시발점이 되었다. 그리고 한동안 토르토나 거리는 '푸오리 살로네'의 중심이 되었다. 지금은 일반적으로 '밀라노 디자인 위크'라는 말로 통용된다. 이 디자인 위크 중에 각종 이벤트가 열리는 지역들은 각각의 지역명을 딴 디스트릭트라는 명칭을 사용한다. 토르토나 지역 또한 디자인 위크의 '토르토나 디스트릭트'라고 불린다.

밀라노 디자인 디스트릭트의 시작 토르토나

토르토나는 해마다 밀라노 가구전의 가장 핫한 곳이자 창조적인 지역으로서 역할을 다해왔다. 이 지역의 크고 작은 창고나 공방들은 푸오리 살로네 기간 동안 전시장으로 탈바꿈한다. 덕분에 보다 자유로운 전시를 기획한 기업이나 디자이너들, 또는 전시장의 값비싼 비용을 감당하기 어려운 소규

한 사케 회사의 이벤트. 제품이나 상품의 종류에는 제한이 없다.

모 스튜디오나 회사들이 가장 선호하는 동네가 되었다. 그들은 이곳에서 대중을 만날 수 있는 방법을 찾아냈고, 새로운 디자인의 태동을 갈망하는 사람들을 불러모았다. 이 지역의 디자인 페어는 단순히 가구나 디자인 스튜디오 전시에 국한되지 않았다.

상상할 수 있는 모든 종류의 전시들이 펼쳐지는 곳이 바로 이곳 토르토나다. 가구나 디자인 제품이 아니어도 상관없다. 식품, 악기, 재료, 자동차, 그 무엇이든 불가능한 것은 없다. 단 그 제품의 디자인 가치를 표현할 수 있을 때만 대중의 관심을 끌어낼 수 있다. 단연 창조적인 표현방식이 가장 중요한 요소다. 가장 창조적이고 흥미로운 전시를 만들어내서 가장 많은 관람자를 끌어들이는 것이야말로 최고의 홍보 방법이자 참여의 목적인 셈이다.

토르토나 지역의 황금기에는 포르타 제노바 역을 잇는 철제 다리가 그 길을 건너는 사람들로 무너질 듯 가득 찼고, 거리의 거의 모든 상점과 창고들이 임시 전시장으로 탈바꿈할 정도로 성황을 이루었다.

토르토나의 성공은 밀라노 전 지역으로 퍼져나갔다. 소규모의 독립적인 쇼룸과 아기자기한 매장들이 많았던 브레라 지역은 이 시기에 또 하나의 새로운 축제의 장으로 변신했다. 초기 토르토나가 지역적인 특성 덕에 대규모 전시에 유리한

○

브레라의 한 의류 쇼룸이 텍스타일 회사의 전시 공간으로 활용되었다.

장점을 가지고 있었던 반면, 시내 중심에 있는 브레라는 토르토나와는 또 다른 강점을 가지고 이 축제의 일원이 되었다.

브레라는 디자인 브랜드들의 쇼룸이 많은 지역적 특성과 국립미술원 인근이어서 예술적이고 독특한 독립 매장이 다수 있다는 장점을 잘 살렸다. 갤러리들이 많아 전시 공간으로 활용될 수 있는 가능성이 큰 곳이었다. 덕분에 이 지역에 소규모이지만 정선된 느낌의 전시들이 열리게 되었다. 토르토나와 비교했을 때 도심에 가까운 위치와 고급스러운 거리의 분위기는 또 다른 콘셉트의 축제를 가능하게 했다. 특히나 이곳에 즐비한 다양한 카페나 젊은 분위기의 바(bar)들은 축제를 즐기는 사람들을 자연스럽게 흡수했다. 토르토나가 지역적인 특성으로 인해 힙한 곳이라면, 브레라는 예술적인 분위기로써 푸오리 살로네의 양대 축을 이루는 지역으로 발전했다.

이후 명품 가구점이 즐비한 두리니 거리나, 토르토나의 젠틀리피케이션의 영향을 받아 대체 지역으로 성장한 람브라테 부근의 벤투라 거리 또한 중요한 곳으로 떠올랐다. 이제는 사실상 밀라노 가구전 기간에 이 축제와 관련되지 않은 곳은 밀라노에서 거의 없게 되었다. 토르토나를 시작으로 활성화된 푸오리 살로네는 밀라노 디자인 위크라는 명칭으로 전 세계에 알려지게 되었으며, 페어장에 국한된 살로네 델 모빌레의 개념을 페어장 안에서 해방시켜 지역 축제로 만드는 중요한 역할을 담당했다.

푸오리 살로네의 지나친 활성화가 오히려 페어 내부의 관객 유치에 장애물이 된다는 시각도 있었다. 하지만 점차 두 행사가 각기 다른 역할을 수행하면서, 방문객들이 자신들의 필요에 따라 선택해 참여할 수 있는 수준까지 정립된 듯하다. 예를 들어 새로운 전시 기법이나, 디자인 콘셉트에 대한 영감, 가구 이외의 다양한 분야의 디자인 전반에 대한 정보, 혹은 예술적이고 창조적인 전시들을 원하는 사람들은 푸오리 살로네에 좀 더 시간을 많이 투자하고, 가구와 관련된 직접적인 비즈니스나 소싱을 원한다면 페어장에 시간을 좀 더 투자하는 식이다.

결국 살로네 델 모빌레의 현재에 이르기까지 성장 과정에 있어서 푸오리 살로네의 역할은 페어를 좀 더 프로페셔널하게 만들고 비즈니스의 측면으로 전문화하는 동시에, 도시의 축제를 활성화함으로써 전문적인 관객과 일반인 관객을 전부 수용할 수 있는 양면의 효과를 가져온 것이라고 볼 수 있다.

디자인 페어에 임하는 자세

해마다 밀라노 가구전이 시작될 때면 이미 그 며칠 전부터 나는 온통 정신없이 바빠진다. 최근에는 업무상 한국을 자주 들락거리지만, 몇 년 전까지만 해도 직장 생활로 인해 일 년에 고작 한 번 정도 들어오곤 했다. 그 무렵엔 이때가 유일하게 한국에서 오는 친구들이나 옛 동료들을 만날 수 있는 시기였기 때문에 마음이 한층 더 분주했다. 밀라노에 있는 친구들 또한 이 시기가 되면 서로 약속을 잡기 바쁘다.

아무래도 가장 즐거운 건 첫날이다. 페어장에서 하루를 보냈다면, 서둘러 시내로 나가야 한다. 설령 페어장에서 온종일 걷느라 피곤했더라도 꼭 시내로 나와야 하는 이유는 곳곳의 푸오리 살로네 행사장에서 칵테일 파티가 열리기 때문이다.

누군가 보내온 초청장을 챙긴다거나 프로그램을 보며 어느 곳에서 흥미로운 오프닝 행사가 있는지 살피는 것은 아주 중요한 일 중의 하나다. 친구들과 만날 일이 있다면 좀 더 흥미로운 파티가 열리는 곳으로 약속 장소를 잡고 그곳에서 함께 칵테일을 마시며 전시를 즐기는 것이 첫날을 보내는 가장 좋은 방법이다. 밀라노 시내 쇼룸의 어느 곳이건 이날만큼은 축제의 날이자 파티의 날이므로 마음껏 즐겨주는 것이 좋다. 가끔은 주방 가구나 가전제품을 파는 곳에서 제대로 된 요리 쇼가 벌어지기도 한다. 그럴 때면 최고 수준의 셰프가 만든 요리를 즐기는 행운을 누릴 수도 있다.

이탈리아에는 '아페리티보(aperitivo)'라는 문화가 있다. 하루의 일과를 마치면 동료들, 친구들과 함께 모여 간단하게 한잔하며 수다를 떠는 것이다. 가벼운 칵테일이나 와인 또는 맥주 한 잔과 핑거푸드 정도면 충분하다. 이렇게 술 한 잔을 손에 들고 떠들기 시작하면 한 시간 정도의 시간은 그냥 흘러간다. 속 깊은 대화를 위해 먼저 얼큰히 취해야 하는 한국 사람들과는 다르게 와인 한 잔만 앞에 두고도 한 시간은 가뿐히 떠들 수 있는 게 이탈리아 사람들이기 때문이다. 이 기간에는 물론 행사장 안에서도 아페리티보를 제공하는 일이 아주 흔하다. 사람들을 모으고 오랫동안 그 자리에서 머물게 하는 가장 좋은 방법이기 때문이다. 괜찮은 아페리티보를 제공하는 전시를 찾아보는 것도 축제를 즐기는 방법 중 하나다.

중요한 것은 이 푸오리 살로네의 행사가 갖는 축제의 느낌을 내가 얼마나 즐기고 있는가 하는 점이다. 행사를 구경하고 영감을 얻는 것만큼 중요한 것은 그들과 함께 호흡하고 그 분위기에 빠져드는 것이라고 생각한다. 밀라노 가구전은 부활절 일정에 따라 조금씩 달라지기는 하지만, 일반적으로 4월의 어느 한 주간에 열린다. 이 4월의 행사를 위해 가구 업체들은 가을부터 신제품을 준비한다. 디자이너들은 이 시기 프로토타입이나 제품에 대한 아이디어를 내고 제작사들과 협의를 시작한다. 다양한 발전 과정을 거쳐 봄 즈음에 페어에서 선보일 신제품을 내놓게 된다. 페어에 참여하는 회사들은 새해가 밝아오면 이미 전시에 대한 구체적인 계획 수립에 들어간다. 세상이 깜짝 놀랄 만한 전시 공간을 만들기 위한 전쟁이 시작되는 것이다. 트렌드를 분석하고, 새로운 아이디어를 끌어내서 이미 몇 달 전에 전시 계획을 확정하고 부스를 준비한다.

그렇게 긴 준비 끝에 페어의 막이 오른다. 새롭게 출시한 제품들이 마침내 페어의 주인공으로 등장하는 것이다. 이런 지난한 과정을 통해 만들어지는 행사인 만큼 그것이 축제여야 하는 것은 어쩌면 너무나도 당연한 일이다. 밀라노 가구전이 열리는 일주일은 디자인이라는 명목 아래 관련 종사자가 전 세계에서 밀라노로 모이는 특별한 시간이다. 세계의 내로라하는 디자이너들이 이 시기에 전부 이곳으로 사람들을 만날 채비를 갖추고 온다.

보러 오는 사람들도 대부분 새롭고 창의적인 것을 찾아내고야 말리라는 작심을 품고 있다. 비즈니스를 성사시키고 싶은 사람들은 그들 눈에 들어오는 제품을 찾기 위해 곳곳을 샅샅이 훑고 다닌다. 이런 사람들이 모여서 대화와 아이디어와 연락처를 주고받는, 자유롭지만 굳건한 공동체가 일주일 동안 도시 전체에 형성되는 것이다.

밀라노 가구전에 참여하는 사람들은 페어 자체에 대한 매력은 물론이지만, 밀라노에 매력을 느끼고 도시 특유의 브랜드를 경험하기 위해 오는 형태로 점점 변화해가고 있다. 역사적으로는 푸오리 살로네를 통해 살로네 델 모빌레가 축제화되면서 도시 전체가 갖는 브랜드의 역할을 더 굳건히 할 수 있게 되었다고도 볼 수 있다.

새로운 세대들은 이런 환경을 일상적으로 목격하면서 자연스럽게 디자인 DNA를 습득하게 된다. 디자인에 대한 특출한 감각은 밀라노인들에게 유전적으로 주어지는 것이 아니라, 이렇게 지속적인 접촉과 생활화를 통해 삶의 일부로 형성되는 것이다.

밀라노는 디자인이라는 분야에 있어서만큼은, 한 나라에 속한 개별 도시가 아니라 세계적 공간으로서의 의미를 지니고 있다. 지금 밀라노에 있다는 것은 디자인 세계의 중심에 서 있다는 의미와 다르지 않다.

축제는 행복한 디자이너를 만든다

최근 몇 년간 푸오리 살로네는 쇼룸이나 창고 같은 공간의 한계를 또 벗어나기 시작했다. 밀라노 시내의 역사적인 건물을 전시 공간으로 사용하기 시작한 것이다. 밀라노에는 문화재급으로 보호받는 다양한 역사적 건물들이 있다.

대부분은 미술관이나 전시 용도로 사용되곤 하지만, 가끔은 사무실이나 상점 등 일반적인 기능 공간으로 사용되기도 한다. 평소에는 대중에게 개방되지 않는 경우도 많다. 이런 건물들이 최근 임시 전시 공간으로 활용되면서 밀라노의 전통적

역사적인 건물을 사용한 전시

밀라노 대학교에서 열린 디자인 이벤트를 관람하러 온 초등학생들

인 건축양식과 문화유산을 관람객들에게 소개하는 효과도 내고 있다. 아름다운 건물은 그 자체만으로도 충분히 볼거리인데, 그 안에서 흥미로운 전시까지 열리니 그 가치가 한층 더 높아지는 것이다. 가끔은 전시를 찾아와서는, 건물의 아름다움에 넋을 놓을 때도 있다.

푸오리 살로네는 이렇게 여러 방면으로 계속 진화하고 있다. 그래도 변하지 않는 것이 하나 있다면, 그것은 바로 새로움과 즐거움에 대한 추구이다. 디자인은 즐거워야 한다. 왜냐하면 삶은 즐거워야 하고, 삶을 보다 유쾌하게 해주는 것이 디자인이기 때문이다. 디자인을 사고파는 단순한 의미의 페어가 아니라, 사람이 모여서 함께 즐기는 장으로서의 페어의 역할은 그래서 더 중요하다.

4월의 밀라노는 덥지도 춥지도 않은 환상적인 날씨를 보여준다. 축제하기에 딱 좋은 날씨다. 4월이 다가오면 나는 언제나 축제를 준비한다. 올해도 제대로 즐겨보겠노라 설레어하며 기다린다. 나는 행복한 디자이너가 사람을 행복하게 만드는 디자인을 한다고 믿는다. 그래서 나는 언제나 축제를 기다린다.

밀라노의 디자인 뿌리 찾기,
레오나르도 다 빈치

밀라노의 이방인 피렌체 사람 다 빈치

2019년은 레오나르도 다 빈치가 서거한 지 500주기가 되는 해였다. 다 빈치 500주기를 맞이하여, 밀라노에서는 다 빈치를 추모하는 다양한 전시와 행사가 일 년 내내 이어졌다. 그의 업적을 기리는 영상이 곳곳에서 상영되었고, 그의 작품을 전시하는 행사가 수시로 열렸다. 그의 작품이 있는 곳에는 어느 곳이나 특별전이 열렸다. 밀라노는 다 빈치 500주기를 밀라노 역사에 있어 가장 중요한 사건 중 하나로 다루었다.

다 빈치는 밀라노가 아니라 피렌체 사람이다. 그런 다 빈치가 어떻게 밀라노 사람들의 열광적인 사랑과 지지를 받게 되었을까. 출신 국가보다 출신 지방에 더 의미를 부여하는 이탈리아 사람들의 특성을 감안하자면 정말 의아한 일이 아닐 수 없다. 일반적으로 이탈리아 사람들이 자기소개를 할 때, 이름 다음으로 소개하는 것이 자신의 고향이다. 한국말로 치자면 이런 식이다. "안녕하세요. 저는 이은화입니다. 서울 출신이에요."

텔레비전의 퀴즈 프로나 예능 프로에 일반인이 출연할 경우, 이탈리아 사람들은 항상 공식처럼 이렇게 자신을 소개한다. 누구나 아는 유명인조차도 가끔 되새기듯 고향을 언급하곤 한다. 이탈리아 사람들의 이런 사고방식을 생각하면, 피렌체 사람 다 빈치에 대한 밀라노 사람들의 사랑은 정말 특별한 것이다. 르네상스 시대, 피렌체와 밀라노는 한 나라에 속한 두 도시가 아니라 각각의 국가에 가까웠다. 따라서 다 빈치는 지금처럼 피렌체에서 밀라노로 도시를 옮겨 이사한 것이 아니라 군주가 다른 국가로 이동한 셈이다. 다른 나라에서 온 이방인 다 빈치가 어떻게 21세기 밀라노공국의 후손들에게까지도 큰 자부심이 되었을까.

다 빈치의 흔적을 찾아

다 빈치 500주기를 맞은 2019년의 어느 날, 레오나르도 다 빈치에 대한 전시와 정보들을 찾다가 밀라노에 레오나르도 다 빈치의 포도원이 있다는 사실을 알게 되었다. 도시 한복판에 포도원이라니, 그것도 레오나르도 다 빈치의 포도원이라니, 대체 뭐지?

어느 오후 나는 다 빈치의 포도원으로 향했다. 포도원은 밀라노의 가장 중요한 성당 중 하나로 〈최후의 만찬〉을 소장하고 있는 산타 마리아 델라 그라치에 교회 바로 앞에 있었다. 산타 마리아 그라치에 교회가 있는 곳은 밀라노 대성당이 위치한 중심지와는 다소 떨어져 있다. 동네는 아주 조용하고 고즈넉하지만, 교회 앞의 광장에서는 언제나 〈최후의 만찬〉을 보려고 기다리는 사람들을 볼 수 있다. 그리고 광장과 한 개의 도로를 바로 앞에 두고, 밀라노의 전형적인 중정을 갖춘 건물이 하나의 라인을 이루고 있다.

그중 한 건물에 다 빈치가 〈최후의 만찬〉을 작업하는 동안 머물렀던 거소 겸 아틀리에가 있다. 당시 〈최후의 만찬〉 제작을 주도하고 후원했던 밀라노 공작 루도비코 일 모로의 저택이었다. 공작은 먼 곳에서 초대되어온 다 빈치에게 이곳을 거처로 제공했다. 이 건물은 오래전부터 대중에게 공개되었는데, 그 당시 귀족의 삶과 다 빈치의 행적을 궁금해하는 사람들에게 훌륭한 사료가 되고 있다.

관광객들은 대체로 산타 마리아 델라 그라치에 교회에서 〈최후의 만찬〉만 보고 아틀리에까지는 구경하지 않고 돌아간다고 한다. 나도 여태 이곳은 방문한 적이 없었는데, 포도원을 보려고 처음으로 찾아가게 되었다. 매표소를 통과해 중정 안으로 들어서자 잠시 시간을 초월한 듯한 고요함이 느껴졌다.

중정 양식은 밀라노의 전통적인 건물 형태다. 육중하고 굳건한 입구를 통과하면 사방이 벽과 건물로 닫혀 있는 중정이 나타나는데, 여기는 외부 공간과 내부 공간을 연결하면서 동시에 차단하는 곳으로 일종의 필터링 역할을 해낸다. 하늘이 열려 있어 자연에 개방된 느낌도 있지만, 안을 향해 만들어진 공간의 특성상 울타리의 분위기도 풍긴다. 우리 개념으로 말하자면 정중동이 있는 공간이며 음과 양이 공존하는 공간이라고 볼 수 있다.

현재 이 건물의 나머지 공간들은 개인들이 사용하고 있다. 이곳에 사는 주민들은 그저 내 이웃 레오나르도 다 빈치를 보러 오늘도 방문객들이 왔구나 하는 느낌으로 관광객들에게 딱히 구애받지 않고 자연스럽게 살아가고 있다.

지금 이곳에 사는 사람들처럼 다 빈치도 일을 마치고 돌아와 여기서 지친 몸을 누였을 것이다. 해가 뉘엿뉘엿 지는 시간에 와인 한 잔을 마시며 피로를 풀었을지도 모른다. 어디를 가도 평지밖에 없는 밀라노에 머물면서, 다 빈치는 피렌체의 언덕에서 불어오던 바람을 그리워했을지도 모른다. 토스카나의 언덕을 굽이굽이 흐르는 바람과 피렌체의 푸른 하늘, 그리고 그 언덕마다 가지가 휠 만큼 맺혀 있는 포도송이들을 자주

○

레오나르도 다 빈치가 기거했던 루도비코 일 모로 공작 저택의 중정

레오나르도 다 빈치가 머물렀던 루도비코 일 모로 공작의 저택

떠올렸을 것이다.

루도비코 일 모로 공작은 그런 다 빈치를 위해 건물 안쪽에 포도원을 만들어, 그만의 토스카나 언덕을 가질 수 있도록 해주었다. 아틀리에를 지나 외부로 통하는 문을 열고 테라스를 거쳐 계단을 내려가면 정원이 펼쳐지는데, 그 정원의 끝자락에 포도밭이 있다. 그것이 바로 다 빈치의 포도밭이었다. 〈최후의 만찬〉을 그리는 동안 그에게 평온함을 선사하고 고향과 같은 친근함을 안겨주었을 풍경이었다.

나는 포도밭으로 걸어가 그곳에서 연약한 가지를 지탱하고 서 있는 포도나무들을 보았다. 아직 어린 나무들은 쓸모있는 열매를 맺기엔 조금의 시간이 필요해 보였다. 하지만 그곳에 줄지어 서 있는 포도나무들은 그 옛날에도 이렇게 정원의 끝에서 다 빈치와 대화를 나누었을 것이다.

다 빈치가 가꾸었던 포도밭은 이후 집주인이 바뀌어도 꾸준히 유지되었다. 하지만 1943년 전쟁 시 폭격으로 포도밭과 건물 일부가 파손되었다. 이후 건물은 복구되었으나 포도밭은 폐허 속에 파묻혀 사라지고 말았다.

현대 과학으로 찾아낸 '다 빈치의 포도밭'의 비밀

2015년 밀라노에서 엑스포가 열렸다. 밀라노 엑스포의

○

정원 끝에 다 빈치가 가꾸었던 포도나무들이 자라고 있다.

주제는 이탈리아인들이 가장 자랑스러워하는 것 중 하나인 '음식'이었다. 단순한 먹거리 이야기가 아니라 식품과 지구의 미래를 함께 생각하는 계기로 삼자는 것이었다. 세계의 다양한 음식과 식품 산업, 농업기술과 과학의 발전 또한 중요한 주제로 다루어졌다.

이 엑스포를 계기로 다 빈치의 포도밭은 오랜 준비 기간을 거쳐 마침내 사람들에게 공개되었다. 전설로 전해지던 다 빈치의 포도밭을 되살릴 수 있었던 건 과학의 힘이 컸다. 다 빈치의 포도밭에서 어떤 포도가 자랐을지 알 방법이 없었던 사람들은 우선 그곳의 흙을 채취하였다. 그리고 흙에 스며든 포도나무의 성분, 또 흙 속에 남아 있는 뿌리의 성분들을 분석해 포도나무의 DNA 성분을 밝혀냈다. DNA 성분은 어떤 품종의 포도가 이 땅에서 재배되었었는지 밝히는 데 중요한 역할을 했다. 포도의 품종은 '말바시아 디 칸디아 아로마티카'였다. 이후 동일 품종의 포도를 옛 포도밭 터에 심었고, 마침내 엑스포를 통해 다 빈치의 포도밭이 새롭게 선보이게 되었다.

이런 일련의 노력은 현대 과학의 쾌거라고 할 수도 있고, 다 빈치라는 위인을 밀라노의 상징으로 삼고자 하는 도시의 열의라고 볼 수도 있다. 중요한 것은 그 모든 과정에 어떤 흥미로운 스토리가 담겨 있고, 그것을 통해 무엇을 이야기하려는 것인가 하는 점일 테다. 새롭게 조성된 다 빈치의 포도밭은 밀라노가 갖게 된 또 하나의 서사가 되었다.

　피렌체의 찬란한 문화를 선구적으로 일으키고 경험한 선각자 다 빈치가 이탈리아반도 북쪽 밀라노에 정착해, 바로 이곳에서 일생일대의 역작이자 예술적 완성의 극치인 〈최후의 심판〉을 그려냈다. 게다가 다 빈치는 단순한 예술가가 아니라 의학, 과학 분야까지 섭렵하고 기틀을 마련한 천재였다. 그런 다 빈치가 밀라노에 터를 잡은 덕에 이탈리아의 과학기술이 이곳에서 융성하였다.

　실제로 밀라노에서는 과학기술박물관을 건립하고, 그 이름을 '레오나르도 다 빈치 뮤지엄'이라고 명명했다. 이것은 레오나르도 다 빈치가 〈모나리자〉와 〈최후의 만찬〉을 그린 회화사의 거장이라는 사실 못지않게 과학기술의 선각자라는 것을 보여주는 사례다.

　이 포도밭에서 포도나무의 DNA를 분석한 것은, 정말로 다 빈치가 경작한 품종에 대한 순수한 호기심 때문만은 아니었을 것이다. 나는 그들이 위대한 과학자 레오나르도 다 빈치에게 후손들의 과학기술을 보여주고 싶었던 거라고 생각한다.

　식품 산업은 이탈리아의 가장 중요한 산업 중 하나로 꼽히는데, 그중에서도 특히 빼놓을 수 없는 것이 바로 와인 산업이다. 최근의 식품 산업이나 와인 산업은 단순히 씨를 뿌려 열매를 얻는 일차원적인 과정이 아니다. 모든 과정에 최신 과학

○

루도비코 일 모로 공작 저택의 문을 통해 〈최후의 만찬〉이 그려져 있는
산타 마리아 델라 그라치에 교회가 보인다.

기술이 깊숙이 반영되어 있다. 또 문화적으로 봤을 때도 와인은 로마가 퍼뜨린 인류의 문화유산이다. 로마의 영향력이 미친 곳은 어디에서나 와인 문화가 형성되었다. 로마 문화의 원조 이탈리아인들에게 와인이라는 요소는 문화적 자존심과 자긍심의 일부인 것이다.

밀라노 사람들은 그들에게 가장 중요한 식품 산업과 와인 산업을 엑스포에서 소개하는 데도 레오나르도 다 빈치의 명성을 십분 활용했다. 이탈리아산 와인이 갖는 역사적·문화적 의미까지 함께 세상에 알리고 홍보하는 계기로 삼은 것이다. 선대가 남기고 간 업적을 하나도 놓치지 않고, 중요한 요점을 정확히 짚어내는 후대의 센스란 바로 이런 것이 아닐까. 이것이 바로 그해 밀라노 엑스포가 다 빈치를 내세워 말하고자 했던 핵심이었을 것이다.

인류 최초의 디자이너 다 빈치를 회상하며

2019년 다 빈치 500주기가 한창이던 봄, 어느 해처럼 밀라노 가구전이 시작되었다. 올해의 주된 테마는 무엇일지, 어떻게 이번 행사를 즐길지 고민이 시작된 참이었다. 하루는 페어장 안의 특별전시를 보러 들어갔는데 다 빈치에 대한 영상이 나오고 있었다. 그의 업적이 무궁무진하다 해도, 역시 대중의 머릿속에 가장 각인된 건 〈모나리자〉와 〈최후의 만찬〉 같은 회화일 것이다. 가구전에서 다 빈치의 영상을 상영하는 것이 아직 많은 이들에게 다소 생소한 경험일 수도 있었다.

하지만 그는 도시계획을 세우고 건축과 측량을 했으며, 기계공학과 해부학을 섭렵했던 사람이다. 위대한 철학가였고, 창조적인 화가였으며, 탁월한 조각가였다. 그의 손길이 닿지 않은 영역이 별로 없을 정도로 다방면에서 빛을 발한 천재였다.

전 세계인이 모여서 디자인을 논하고, 새로운 디자인을 공개하고, 제품을 사고파는 행위가 일어나는 가구전에서 레오나르도 다 빈치는 우리에게 무슨 이야기를 전해주고 있었던 것일까?

바로 '디자이너'라는 단어였다. 세상을 디자인한 원조 디자이너가 신이라면, 레오나르도 다 빈치는 신이 디자인한 세계를 과학적으로 정립하고 인간의 힘으로 신의 작업을 설명하기 시작한 디자인의 전파자, 인간 세계 최초의 디자이너였다.

창조주가 만들어낸 세상을 분석하고 계획하고 새롭게 구성하며 그 안에 예술적 가치를 부여하는 존재, 과학적인 사고와 체계적이고 논리적인 방법론과 사고를 반전시키는 뛰어난 상상력을 가진 존재, 그런 사람이 바로 디자이너가 아닐까. 다 빈치는 그런 디자이너였다. 성경에는 신이 흙으로 사람을 빚어 숨을 불어넣었다고 하는데, 다 빈치는 그 숨을 불어넣은 흙

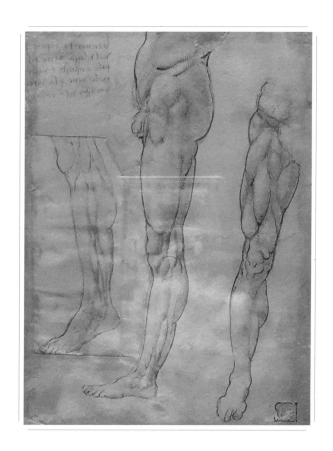

레오나르도 다 빈치의 인체 해부학 스케치. 밀라노 암브로시아나 미술관.

덩이가 어떤 기하학적 요건과 비례감을 지녔는지 분석해냈으니 실로 걸출한 신의 제자였던 셈이다.

밀라노 가구전은 다 빈치 500주기를 맞이해 디자이너로서의 그의 삶과 활동을 재조명했다. 사 년 전의 엑스포 때처럼 그에게 또다시 존경을 바쳤다. 다 빈치의 유산 〈최후의 만찬〉을 보관한 교회, 그리고 다 빈치의 전설을 알알이 담은 포도가 영그는 포도원, 그 밖에 과학, 철학, 기술, 미적 가치를 융합한 다 빈치의 '디자이너'로서의 의미를 구현한 전시장. 밀라노는 이렇게 다 빈치의 천재성을 그대로 이어받은 도시로 규정된다.

이탈리아인들은 디자인을 경제적 성과를 위한 수단이나 현실과 동떨어진 상위의 개념으로 보지 않는다. 그보다는 기술을 현실화하고 사회를 발전시키는 원동력으로 보는 시각을 갖고 있다. 그러므로 디자이너는 단순한 미적 가치만 창출하는 게 아니라 삶의 질을 높여주는 역할을 해야만 하는 것이다.

어느 날 홀연히 피렌체에서 나타나 밀라노에 르네상스의 가치를 전파하고, 세계로 이 가치를 퍼트린 최초의 디자이너 레오나르도 다 빈치는 그가 정립한 디자이너의 역할을 세상에 알릴 책임을 밀라노인들에게 넘겨주었다.

2019년 밀라노가 다 빈치의 업적을 기리고 있을 때, 독일에서는 바우하우스 탄생 100주년을 맞았다. 자연히 전 세계의 많은 사람들이 바우하우스의 역사를 되짚어보곤 했다. 바우하우스가 탄생한 것이 우연하게도 다 빈치가 죽은 지 정확히 400년 후이다. 디자인을 신의 영역에서 인간의 영역으로 끌어와 과학적으로 규명한 것이 다 빈치라면, 그 규명을 좀 더 현실화하고 시대의 흐름에 맞게 리뉴얼한 것이 바우하우스다. 디자인의 역사는 참 흥미롭지 않은가.

다 빈치를 계승한 디자인의 도시 밀라노

대학을 졸업하고 설계사무소에서 철야 근무로 청춘을 불사르며 삼 년을 보낸 후에, 나는 유학길에 올랐다. 첫 해외 여행이기도 했다. 유학을 마치고 돌아왔을 때, 사람들이 종종 왜 밀라노였냐고 묻곤 했다. 그럴 때마다 나는 주저 없이 대답했다.

"예술의 나라이고, 디자인의 도시잖아요."

유학을 떠나기 전까지도 사실 밀라노가 디자인의 도시인지는 몰랐다. 그저 새로운 세계를 경험해보고 싶었고, 낯선 곳에서 공부해보고 싶었을 뿐이었다. 막연하게 건축이나 인테리어 디자인을 공부하게 될 거라고만 생각했다. 이탈리아가 다른 유럽 국가들보다 비교적 물가가 싸다는 점도 무시할 수 없었다.

그렇게 와서 보니 패션의 도시인 줄로만 알았던 밀라노가 바로 디자인의 도시였다. 그걸 알게 된 후로는, 마치 오래전부터 동경해온 일인 양 디자인의 중심지에서 공부하고 싶어서 였노라고 말하고 다녔다. 왜? 사람은 누구나 자기 행동에 당위성을 부여하고 싶은 욕망이 있지 않은가.

밀라노가 디자인의 역사를 품은 도시라는 것을 알게 된 후로는 이곳에서 공부했다는 자부심이 생겼다. 인류 최초의 디자이너 다 빈치의 도시에서 디자이너로서 꿈을 펼친다는 것은 황홀하기까지 한 일이었다.

밀라노에 처음 오는 사람들이 가장 먼저 걸어봐야 할 코스가 있다. 바로 밀라노 대성당에서부터 스칼라 극장을 연결하는 동선이다. 밀라노 대성당이 웅장하게 서 있는 광장에는, 성당 맞은편으로 말을 타고 있는 가리발디 장군의 동상이 있다. 이탈리아 통일의 주역인 가리발디 장군은 대성당을 바라보며 말 위에서 진두지휘하고 있는 듯이 보인다. 대성당을 바라보는 시선을 좌측으로 돌리면, 밀라노의 살롱이라 불리는 갤러리아 비토리오 에마누엘레가 보인다. 통일 이후 북부 이탈리아의 번영을 보여주는 건축물답게 그 당시의 신소재인 유리와 철골 돔으로 십자 배치된 건물들 사이를 덮어, 거대한 내부 공간을 만든 곳이다. 이 갤러리아 비토리오 에마누엘레를 지나면 바로 이탈리아 음악의 영광을 대표하는 스칼라 극장이 나타난다.

북부 이탈리아 최고의 영광을 품은 밀라노 대성당, 통일

밀라노 스칼라 광장의 레오나르도 다 빈치 동상

의 주역 가리발디와 통일 이탈리아의 초대 왕 비토리오 에마누엘레 2세를 기리는 갤러리아, 그리고 통일의 시기 이탈리아의 국민 정서를 대변했던 베르디를 기념하듯 전 세계의 오페라 좌를 대표하는 스칼라 극장. 그다지 길지 않으면서 함축적으로 밀라노의 영광을 만끽할 수 있는 코스다.

갤러리아 비토리오 에마누엘레와 스칼라 극장을 연결하며 옛 궁전이자 밀라노 시청으로 사용되는 건물 바로 앞에 스칼라 광장이 있다. 소박한 규모이지만 위치적으로 밀라노에서 두오모 광장 다음으로 중요한 의미를 지니는 곳이라 할 수 있다. 이 광장 한복판에 한 명의 영웅이 고개를 숙인 채 겸손하게 서 있는데, 그가 바로 다 빈치다. 밀라노에 디자인 500년의 역사를 선사한 인류 최초의 디자이너 레오나르도 다 빈치가 거목처럼 그곳에 서 있다.

내일에 대한 희망,
메이드 인 이탈리아

원로 디자이너의 성숙한 사회적 책임감

2020년 봄 이탈리아의 상황은 참담했다. 코로나바이러스의 확산은 살짝 상승세가 꺾인 듯했다가도 다시 기승을 부렸고 여전히 안심하지 못하는 상황이 계속되었다. 한 달간 어마어마한 속력으로 치솟은 바이러스의 확산은 밀라노와 롬바르디아를 지옥으로 만들어놓더니, 결국 이탈리아 전체를 마비시키고 말았다. 바이러스의 확산세가 걷잡을 수 없이 치솟던 시기에 소셜 네트워크에 올라온 한 장의 사진이 많은 이들에게 감동을 안겨주었다. 주인공은 이탈리아 패션의 거장, 조르지오 아르마니였다.

그가 늦은 밤 몬테 나폴레오네 거리의 아르마니 부티크에서 마네킹이 입은 옷을 직접 매만지고 있는 사진이었다. 여든이 훨씬 넘은 나이의 노장 디자이너이며 세상에서 가장 성공한 디자이너 중 한 사람인 그가, 혼자 쇼윈도에서 마네킹의 마지막 옷매무새를 다듬고 있었던 것이다. 사람들은 그 모습에서 그의 열정과 겸손과 인간미를 보았다. 무수한 직원들을 두고도, 그 밤에 노년의 몸으로 홀로 쇼윈도에서 일하는 모습이라니! 사람들은 작은 일 하나까지 세심하게 살피는 조르지오 아르마니의 열정에서 성공한 사람의 성숙한 인격을 보았던 것 같다.

그 사진이 더욱 화제가 되었던 것은 코로나바이러스로 인해 이탈리아가 전시와 같은 상황이 되자, 그가 즉각적으로 베푼 선행 때문이었다. 바이러스의 급작스러운 확산은 끝내 이탈리아를 멈춰 세웠다. 특히나 롬바르디아주는 바이러스의 확산으로 인해 물적·인적 지원 없이는 견디기 힘든 상황에 내몰리고 말았다.

조르지오 아르마니는 병원 시설과 환자들을 치료할 수 있는 재원으로 200만 유로를 기부했다. 그리고 그의 의류 생산 시설에서는 의료진이 입을 수 있는 일회용 가운을 제작하기 시작했다. 한 벌에 수천만 원 하는 드레스를 만들던 그의 부티크에서 소중한 생명을 구하는 데 도움이 되기 위해 정성을 다한 바느질 작업이 이루어졌다. 병원 시설이 포화 상태가 되고 의료 장비나 물자가 부족한 상황에 처하자, 그는 자신이 할 수

있는 일에 곧장 착수한 것이었다. 그리고 이때부터 명품 브랜
드들의 참여 릴레이가 시작되었다.

그의 선행, 그가 일상에서 보여주었던 열정과 성숙한 인
격은 많은 이들을 감동시켰다. 이탈리아 브랜드의 자존심이자
패션계의 거장 조르지오 아르마니는 이 어려운 시기에 황금보
다 값진 마음으로 이탈리아인들에게 위로를 선사했다.

최근 나는 밀라노 봄 시즌 패션위크에 참가하려고 한국
에서 온 패션 업계 사람들과 짧은 일정을 함께 했다. 밀라노는
파리, 뉴욕, 런던과 함께 패션위크가 열리는 대표적인 패션 도
시다. 우리 귀에 익숙한 브랜드들 덕에 '패션'은 밀라노의 대명
사가 되었다. 패션위크 기간엔 계절에 앞서 다양한 디자이너
들이 패션쇼를 선보이고 각종 이벤트와 행사들도 일주일 넘게
이어진다.

2020년 봄철 밀라노 패션위크 역시 이전과 마찬가지로
성황리에 진행되고 있었다. 패션피플의 물결이 거리 곳곳에 넘
실거렸다. 바로 그 주에 코로나바이러스가 이탈리아를 덮쳤다.
밀라노 시내가 충격에 휩싸였다. 패션위크의 마지막 날이자 가
장 중요한 하이라이트 행사들이 대기 중이던 일요일, 우리는
바이러스의 확산을 피해 도심을 벗어나야만 했다. 우리는 밀라
노 남쪽 토르토나 지역의 아르마니 실로스로 이동했다.

그날 이곳에서 아르마니가 관객 없는 패션쇼를 무대에

○

밀라노 패션위크 거리 풍경. 곳곳에서 사진 촬영이 이루어진다.

올렸다는 소식을 전해 들었다. 바이러스가 이제 막 확산되기 시작한 터라, 밀라노 시 당국이나 주 정부, 중앙 정부 모두 아직까지 행사나 영업에 대한 어떠한 방침도 정하지 못한 처지였다. 어쩌면 바이러스 발생 이전 마지막으로 자유를 만끽한 날이었을 이날, 조르지오 아르마니는 과감하게 관객이 없는 패션쇼를 진행했다. 참석 등록을 한 관객은 물론, 바이어나 언론 담당자들조차 참석하지 않은 채 열린 이 패션쇼는 오로지 조르지오 아르마니의 사회적 책임감에 따른 선택이었다.

패션쇼를 한다는 것은 단순히 쇼를 보여준다는 의미에 그치지 않는다. 패션쇼는 쇼를 준비하는 과정의 모든 노력과 열정을 함께 담고 있다. 디자이너가 공들여 만든 옷에 대한 가치를 보여주고, 경제적인 이익을 포함한 피드백을 얻기 위해 열리는 것이 패션쇼이다. 그러니 관객을 부르지 않겠다는 것은 자신이 쏟은 열정과 그에 대한 대가를 과감히 포기하겠다는 의미였다. 그날 아르마니의 결정은 존경받는 어른, 원숙한 노인의 사려 깊은 결단이었다.

그가 소유한 뮤지엄의 이름은 '실로스(Silos)'이다. 실로스는 곡식을 저장하는 창고를 뜻하는데, 특히 빵이나 파스타를 만드는 업소에서 곡물가루를 보관하는 창고를 이른다. 패션 브랜드 뮤지엄의 이름으로는 다소 생소하다. 그런데 그럴 만한 이유가 있었다. 그의 뮤지엄이 있는 자리에 원래 네슬레

○

아르마니 실로스 밀라노에 전시된 아르마니의 의상들

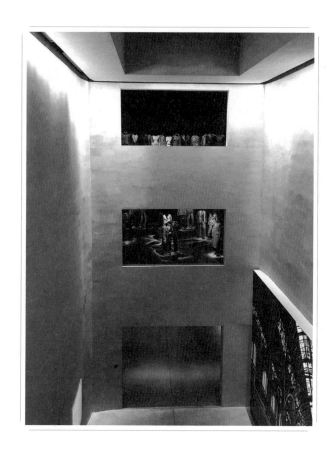

○

아르마니 실로스 밀라노의 모습

식품 공장이 있었기 때문이다. 밀라노 남쪽 토르토나의 베르곤뇨네라는 막다른 작은 골목에 위치한 실로스는 네슬레 공장 건물을 개조해 2015년 처음 오픈했다.

아르마니에게 이 공간의 의미는 특별한 것이었다. 삶의 가장 기본이 되는 게 음식이다. 이탈리아에서는 음식의 가장 기본이 되는 식재료가 밀가루다. 그런 식재료가 저장되어 있으면서 다양한 형태의 음식으로 무한한 변주를 기다리는 곳, 그곳이 실로스다. 그에게 있어서 옷 또한 그런 것이었다. 음식 못지않게 중요한 의복이 그의 창조적인 작업을 통해 변주가 일어나는 공간, 그것이 그의 뮤지엄 실로스인 것이다.

메이드 인 이탈리아에 희망을 걸다

이탈리아 패션의 제왕 아르마니를 필두로 다양한 메이드 인 이탈리아 브랜드들이 코로나바이러스에 고통받는 나라를 위해 그들이 취할 수 있는 방법들을 동원하기 시작했다. 사람들은 소셜 네트워크를 통해서 코로나바이러스에 대응하는 메이드 인 이탈리아 브랜드들의 움직임에 찬사를 보냈다. 아르마니와 프라다는 일회용 의료 가운을 만들었고, 람보르기니는 보호구를, 구찌는 마스크를, 불가리는 손 세정제를 생산했다. 페라리는 자동차 모터 대신 호흡기를 만들었다. 이외에도 다양한 브랜드들이 자선 릴레이에 참여했다.

　　이탈리아인들은 명품 브랜드들의 이런 활동에 열광했고, 전쟁과도 같이 어려운 시기에 그들의 역량을 모아주는 것에 감사했다. 명품사들은 그들에게 '메이드 인 이탈리아'라는 브랜드를 달아준 조국에 대한 사명을 다했다. 지켜보는 나도 눈물겹고 감동적이었다. 왜냐하면 이탈리아에서 생활하면서 메이드 인 이탈리아가 단순히 제품이 만들어진 지역만 의미하는 게 아니라는 것을 이미 잘 알고 있었기 때문이다.

　　코로나바이러스가 한창일 때 나는 한국에 돌아와 있었다. 밀라노에 있는 회사 사람들과는 주로 메시지를 통해 대화를 나누었다. 어느 날 한 가구 쇼룸의 매니저와 메시지로 바이러스 상황에서 발생한 슬픈 일들, 그리고 앞으로 이탈리아에 닥치게 될 경제적 어려움에 대해 이야기를 나누고 있었다. 언제나 도도했던 그녀의 진심 어린 걱정에, 이 상황이 이탈리아인들에게 얼마나 힘겨운지 새삼 느꼈다. 최근 나는 소셜 미디어를 통해 이탈리아의 상황을 계속 지켜보고 있다. 내가 아는 많은 업계의 사람들이 밀려올 경제 침체를 우려하며 걱정하는 와중에, 그들은 종종 이런 말을 하곤 했다.

　　"바이러스가 종식되더라도 앞으로 많은 어려움이 기다리고 있을 거야. 이탈리아를 살릴 수 있는 것은 오로지 메이드 인 이탈리아뿐이야."

여기서 메이드 인 이탈리아는 생산국을 표기하는 문구 정도의 의미가 아니다. 이것은 세계인을 사로잡는 하나의 브랜드이자 로마의 역사만큼이나 이탈리아인들을 끝없이 자극하는 커다란 자부심이 담긴 표현이다. 바이러스와의 치열한 사투에 그런 자부심으로 맞서자는 의미인 셈이다.

일반적으로 메이드 인 이탈리아와 연관된 이미지를 생각하자면 아마도 우아함, 품질, 전문성, 차별성 그리고 고급스러움 같은 단어를 떠올릴 것이다. 단순히 제품 하나하나의 특수성을 대변한다기보다는 메이드 인 이탈리아라는 브랜드가 가진 이미지일 것이다. 그런 가치를 충족시키지 못하는 제품은 메이드 인 이탈리아라 불릴 수 없다.

메이드 인 이탈리아 브랜드는 크게 네 분야로 나눌 수 있다. 이탈리아에서는 4A라 일컫는데, 일상생활에 필수 불가결한 의식주가 특히 중요한 요소들이다. 바로 아그로알리멘타레(Agroalimentare, 농산물), 아빌리아멘토(Abbigliamento, 의류), 아레다멘토(Arredamento, 가구) 그리고 아우토모빌리(Automobili, 자동차)이다. 단순히 해당 제품뿐만 아니라 관련 업계를 모두 포함하는 개념이다.

예를 들어 '아그로알리멘타레'라고 하면, 동식물을 통한 식품 원자재를 의미하지만, 거기서 그치지 않고 이로 인해 가공된 가공식품, 예를 들면 와인이나 치즈, 햄 등도 포함되고, 또

○

모데나의 발사믹 식초를 만드는 과정.
대표적인 메이드 인 이탈리아 식품이다.

이 가공된 식품들로 만들어진 피자와 스파게티 또한 해당되는 식이다. '아빌리아멘토'의 경우에도 완성된 옷은 물론, 옷에 적용되는 단추, 실, 원단 등의 부자재와 원재료들까지 포함하는 포괄적인 의미를 갖고 있다.

다시 말해 폭넓은 제품군을 아우르는 개념이라, 우리 의식주 안의 어느 것 하나 포함되지 않은 요소가 없을 정도다. 메이드 인 이탈리아는 사실 일상에서 쉽게 만나는 그런 제품들인 셈이다. 동시에 그런 제품들이 우리의 일상을 특별하게 만들어주는 것이다.

냉장고를 물어보는데 람보르기니를 이야기하는 사람

언젠가 일본의 한 컨설팅 회사와 함께 일본 가전제품 회사의 유럽 수출 전략을 위한 미팅을 한 적이 있다. 이탈리아 가전제품 회사의 사례를 벤치마킹하는 컬래버레이션 작업이었다. 이 컨설팅 회사의 해당 프로젝트 담당 매니저가 한국인이었는데, 그와의 인연을 통해서 이탈리아의 시장분석과 벤치마킹할 대상을 물색하는 계기가 생긴 것이었다.

프로젝트를 의뢰한 고객은 일본의 가전제품 회사로 주로 소형 오디오 같은 가전제품을 만드는 걸로 유명한 브랜드였다. 이 회사는 해외에서는 가전 브랜드로만 알려져 있지만,

일본에서는 우리나라로 치자면 아파트 분양과 같은 프로젝트도 진행하고 있었다. 이제껏 유럽시장에 진출한 제품들은 주로 주방용 믹서, 토스터, 전기 주전자 등 소형 가전제품이었다. 하지만 유럽시장에는 에우로룩스나 밀레, 가게나우 등의 대형 브랜드들이 시장을 주도하고 있었고, 반대쪽에서는 저렴한 중국산이 진출해 있어서 시장 확장을 위한 준비가 보다 절실한 상황이었다. 특히 이 브랜드가 본격적으로 확장하려는 범위가 이제까지와 달리 빌트인 가전 부문이라, 새로운 시장을 확보하는 일이 여간 어려운 상황이 아니었다.

우리가 찾아내야 하는 것은 어떤 방식으로 유럽시장에 접근할 것인가에 대한 답이었다. 우선 주방 인테리어의 트렌드를 살펴보아야 했고, 경쟁사 또는 벤치마킹 상대를 연구해서 그들의 전략을 분석해야 했다. 벤치마킹할 대상은 고객사가 미리 지정해주었기 때문에, 우리는 곧장 본격적인 브랜드 분석에 들어갈 수 있었다. 대상 기업은 '스메그(Smeg)'였다. 스메그는 아마도 가전에 관심이 있는 사람들보다 디자인에 관심이 있는 사람들에게 더 많이 알려진 브랜드일 것이다. 모데나 인근의 작은 마을 과스텔라에서 철 가공업을 하는 한 가족으로부터 출발한 기업이다. 이들 가족은 그들에게 익숙한 철 가공업을 이용해 주방용 제품들을 만들기 시작했는데, 가스 호브나 식기세척기 등, 말하자면 백색가전의 초창기 제품들로 출발했다. 그렇게 서서히 주방가구 업체로서 영역을 넓혀 나갔는데, 1970년대에 벌써 프리 스탠딩이 주류였던 주방에 빌트인 가구의 개념을 퍼트리기 시작했다.

디자인의 관점에서 이런 시도는 상당히 앞서나간 것이었지만 아무래도 가전에 대한 명성은 독일이나 미국의 제품들을 따라가지 못했던 듯하다. 스메그의 제품은 저렴한 가격대로 팔리는, 그저 그런 빌트인 가전으로 명맥을 이어왔다. 시간이 흐르면서 빌트인 개념은 스메그만의 독특한 콘셉트가 아니라, 이미 주방 가전의 대세가 되어 어느 브랜드나 만들어내는 일반적인 것이 되었다.

그러다 1990년대 스메그를 전 세계에 알린 걸작이 탄생했다. 바로 '레트로' 냉장고이다. 어느 날 갑자기 빌트인 가전 위주가 되어버린 시장에서 사십 년의 시간을 거꾸로 가는 모험을 단행한 것이다. 냉장고가 처음 개발되던 1950년대의 둥글둥글한 형태를 1990년대의 기술과 디자인으로 혁신한 것이었다. 냉장고를 기능적인 제품으로 한정해 주방의 디자인을 해치지 않는 범위에서 빌트인으로 제작한다거나 눈에 잘 보이지 않는 곳에 고정시켜둔다는 기존의 생각에 대한 역발상으로 탄생한 냉장고였다. 즉 냉장고 기능을 넘어서서 보여주고 싶고 장식으로 두고 싶은 제품을 만들어, 냉장고의 의미를 바꿔버린 것이었다.

스메그의 레트로 냉장고를 실제로 보면 또 한 번 놀라는 것 중 하나가 곡선의 정교함과 도장의 섬세한 기술이다. 스메그 레트로 냉장고의 특별한 도장 기술은 평활도와 선명한 컬러로 주목성을 높여 정교하고 미려한 곡선을 더욱 돋보이게 만든다. 스메그가 위치한 작은 마을 과스텔라는 모데나라는 도시 인근에 있는데, 이 모데나에 그 유명한 이탈리아의 대표적 럭셔리 브랜드인 람보르기니와 페라리가 있다. 스메그는 람보르기니와 페라리의 디자인을 만든 모데나의 금속 가공 기술과 도장 기술을 적극 활용한 것이었다.

스메그의 CEO 비토리오 베르타초니는 어느 잡지와의 인터뷰에서 이렇게 말했다.

"우리 에밀리아인들은 부지런하고 산업화된 사람들입니다. 우리는 우리의 엔지니어링과 음식으로 잘 알려져 있죠. 심지어 지난 세계 전쟁 때는 비행기와 차를 생산했답니다."

에밀리아는 모데나, 볼로냐, 파르마 등이 속한 주를 말한다. 스메그의 본사가 속한 주이다. 엔지니어링은 페라리와 람보르기니를 말하고, 음식은 에밀리아의 풍성한 식자재로 만들어지는 파르메산 치즈와 파르마 햄, 모데나의 발사믹 식초와 볼로네제 스파게티를 말한다. 냉장고 하나를 이야기하면서 이탈리아의 다양한 산업을 언급한 것이다. "페라리와 람보르기니의 디자인과 테크놀로지로 만든 냉장고에 파르마 햄과 파르메

스메그의 컬러풀한 주방 가전들. 명품 자동차의 도장 기술을 어필하고 있다.

산 치즈를 넣어두세요." 그는 이런 의미로 이야기했을 것이다.

밀레와 가게나우와 같은 최고 가전 브랜드들이 뛰어난 테크놀로지를 강조하고 주방의 디자인을 파괴하지 않는 숨겨진 빌트인 제품을 고민하고 있을 때, 스메그는 다른 방향으로 나아갔다. 물론 어느 방식이 옳고 더 효율적인가의 문제를 논하자는 게 아니다.

다만 스메그의 방식이 다분히 이탈리아적이라는 생각이 든다. 메이드 인 이탈리아 브랜드를 최대한 이용하고 극대화하는 방법을 적용한 케이스로 보인다는 말이다. 스메그의 접근 방식은, 밀레나 가게나우 사의 뛰어난 테크놀로지의 제품들과 경쟁 상대가 되기 위해 뒤를 쫓아가는 것이 아니라, 기존의 범주 밖에 있는 제품군을 탄생시켜 새로운 길을 낸 것이기 때문이다.

우리는 이런 내용을 정리해서 프로젝트를 의뢰한 고객사에 넘겼다. 결정은 고객사의 몫이었다. 우리가 밝혀낸 것은 스메그의 성공이 한 지역을 아우르는 산업과 문화에 복합적으로 접근해서 만들어낸 결과물이라는 사실이었다.

이 컨설팅을 진행한 그해에, 스메그는 레트로 시리즈로 또 한 번 새로운 시도를 했다. 이번엔 패션 브랜드 돌체앤가바나와의 컬래버레이션이었다. 돌체앤가바나의 새로운 디자인 콘셉트인 시슬리 시리즈를 접목해 레트로 시리즈에 시슬리 전통 패턴을 입힌 것이었다. 이것이 메이드 인 이탈리아 브랜드나 제품군과의 끊임없는 교류와 접목을 통해서 새로움을 창출하는 스메그만의 방식이다.

메이드 인 이탈리아라는 브랜드명

이탈리아의 인테리어 스튜디오에서 일하면서 내가 참여한 프로젝트는 대부분이 해외 고객을 위한 작업이었다. 언제나 그렇듯 우리가 진행한 프로젝트의 핵심은 100퍼센트 메이드 인 이탈리아였다. 가구 산업만 해도 브리안자 지역에서 생산되는 재료와 제품들이 100퍼센트를 차지한다. 기획이 전부 끝나면 제품과 재료들을 선적해 보낸다. 그리고 제품이 도착하면 이번엔 작업자들을 현장으로 보낸다. 작업자의 자질에 따라 현장의 완성도가 달라진다고 믿기 때문에 숙련이 필요한 모든 작업 과정을 이탈리아 작업자들이 직접 수행한다. 이런 방식으로 다른 나라의 프로젝트를 메이드 인 이탈리아로 채우는 걸 나는 여러 번 경험했다. 그 프로젝트에 참여한 모두가 메이드 인 이탈리아를 만든다는 자부심을 가지고 있다. 마루를 까는 사람, 대리석을 설치하는 사람, 옷장을 시공하는 사람까지도 자신들의 손으로 메이드 인 이탈리아를 창출해내고 있음을 자랑스러워한다.

2009년 9월, 이탈리아는 법으로 메이드 인 이탈리아에 대한 내용을 규정했다. "메이드 인 이탈리아의 라벨을 갖게 되는 제품들은 이탈리아에서 기획되고, 생산되며, 포장되어야 한다. 이 요건을 충족하는 제품이 메이드 인 이탈리아의 라벨을 가지게 된다. 메이드 인 이탈리아는 100퍼센트 이탈리아에서 만들어졌음을 의미한다. 이것을 어길 경우 이탈리아 법에 의해 처벌받는다."

이 법규에 문구로는 표현되지 않은 것이 하나 있다. 이탈리아의 정서다. 물론 법적으로 처벌받는 요건이 아니므로 규정되어 있지는 않지만, 메이드 인 이탈리아를 만드는 데 다른 어떤 것보다 중요한 요소가 바로 이 정서적이고 문화적인 측면이다.

몇 년 전 한 드라마에서 주인공이 이탈리아 명품 제품을 '장인이 한 땀 한 땀'이라는 말로 묘사한 적이 있다. 그 이후 이탈리아 명품의 대명사처럼 이 말이 종종 쓰이곤 했다. 이 '장인이 한 땀 한 땀' 만든다는 의미를 쉽게 이해하고 싶다면, 밀라노의 아르마니 실로스에 가보면 된다.

아르마니라는 브랜드가 만들어온 숱하게 많은 의상들을 보면, 이 브랜드의 명성이 한순간에 만들어진 것이 아니라는 걸 바로 느낄 수 있다. 그것은 실 하나, 옷감의 재봉, 옷이 이루어지는 전 과정에 열정이 투영된 결과물이다. 하나의 완제품

한 가구 회사에서 장인이 직접 금박 작업을 하는 모습

안에 온갖 종류의 메이드 인 이탈리아의 부자재들이 담겨 있는 것이다. 하지만 그보다 더 중요한 것은 완벽을 이루어내기 위한 아르마니의 프로페셔널한 정서다. 바로 그것이 메이드 인 이탈리아를 만드는 원동력이다.

관객 없이 어둠만 내려앉은 객석을 바라보며 패션쇼를 진행했던 노장 디자이너는 그 어둠 속에서 이 상황이 어떻게 지나가게 될지 많은 생각을 했을 것이다. 그 후로 얼마의 시간이 지나 산업이 완전히 멈춰버린 시점에 그는 소셜 네트워크를 통해 의견을 피력했다.

"패스트 패션을 멈추고 천천히 가자. 계절을 앞당기지 말고 천천히 가자."

패스트 패션이라는 명목으로 너무도 빨리 달려온 글로벌 패션 비즈니스에 이탈리아 디자인의 가치를 회복하자고 호소하는 내용이었다. 바이러스 발생 전후로 이미 이탈리아 사람들은 논쟁 중이었다. "끝없는 저가 경쟁 속에 메이드 인 이탈리아의 입지는 좁아질 것이다"라는 의견이 있는가 하면, "메이드 인 이탈리아의 가치는 사라지지 않을 것이다. 그리고 이번 바이러스 상황에서 메이드 인 이탈리아는 우리가 살아날 수 있는 유일한 방법이다"라고 이야기하는 사람들도 있다. 어느 쪽이 맞을지 아직은 확신할 수 없다.

하지만 산업의 종류와 상관없이 메이드 인 이탈리아에

종사하는 이들은, 앞으로의 삶이 가치 중심의 사회가 될 것이라는 데 한 표를 던지고 있다. 분명 그렇다는 진단을 내렸다기보다는, 그런 방향으로 나아가기를 바라는 희망과 기대를 걸었다고 보는 게 옳겠다. 그들의 선택이 궁극적인 해법이기를 나도 바란다.

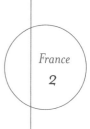

France

2

프
랑
스

아르누보의 중심에서
필립 스탁을 만나다

France

1

사라진 노트르담의 첨탑, 그날의 화재

2019년 4월, 부활절이 채 일주일도 남지 않은 어느 날, TV에서 마치 거짓말 같은 뉴스를 전했다. 테러 영화의 한 장면 같기도 하고, SF영화의 한 장면 같기도 했다. 뉴스 화면 속의 노트르담 대성당이 화염에 휩싸여 있었다. 영화의 한 장면이었다면 결정적인 순간에 정의로운 주인공이나 슈퍼 히어로가 등장해 화염 속의 보물을 지켜냈겠지만, 결국 슈퍼 히어로는 나타나지 않았다. 성당은 계속해서 더 큰 불길에 휩싸였고, 어느 순간 두 개의 첨탑이 무너져내렸다. 프랑스인들은 눈물을 흘렸다. 불타는 성당 앞에서 그들은 〈아베 마리아〉를 불렀다. 파리를 대표하는 아름다운 성당이 그렇게 화마에 무너졌다. 비단 프랑스인이 아니더라도 전 세계의 많은 사람이 인류의 문화유산이 소실된 비극에 함께 슬퍼했다. 나도 그중 하나였다.

그해 가을, 파리를 방문했다가 밀라노로 돌아오기 전, 파리 시내에 잠시 들렀다. 노트르담 대성당을 보기 위해서였다. 여전히 현실감이 느껴지지 않는 이 사건을 눈으로 직접 확인해보고 싶었다. 나는 아침 일찍 센강의 다리를 건너 시테섬으로 향했다. 노트르담 대성당 주변으로는 펜스가 둘러져 있어서 가까이 접근할 수 없었다. 아침 시간이라 출근하는 사람도 많았고, 이른 시간부터 서둘러 나온 관광객들도 있었다. 출근하는 사람들은 이미 익숙해진 듯 무심하게 성당 앞을 스쳐 지나갔다. 관광객들은 펜스 너머 멀찍이서 첨탑이 사라진 성당을 사진에 담았다.

처음 온 관광객들은 파리의 명물 노트르담 대성당을 직접 보지 못해 안타까웠을 것이다. 성당에 얽힌 추억이 있는 사람들이라면, 그 추억을 상기하며 마음이 아렸을 것이다. 바라보고 있자니, 나에게도 슬픔이 밀려왔다. 종교도 국적도 전혀 관련 없는 나로서는 개인적인 추억보다는 오래된 유산에 대한 상실감이 컸다. 그 긴 세월 동안 품었을 수많은 이야기가 함께 무너져내린 것 같아서 마음이 아팠다.

마크롱 대통령은 향후 오 년 안에 노트르담 성당의 복원을 완료하겠다고 발표했다. 하지만 전문가들은 완벽한 복원까지는 최소 십 년에서 길게는 사십 년까지 걸릴 것이라는 의견

첨탑이 불타버린 노트르담 성당

을 냈다. 하지만 중요한 것은 그 기간이 아닐 것이다. 성당이 축조되는 데 걸린 약 이백 년의 세월, 그리고 여러 번의 파괴와 보수작업을 거치면서 팔백 년 이상 그 자리를 지켜온 노트르담 대성당에게 오 년과 사십 년의 차이가 무슨 큰 의미가 있겠는가.

그러나 사십 년이나 걸린다면, 이 비극적인 화재를 지켜본 사람들 중 상당수가 다시 완성된 모습으로 우뚝 서게 될 순간을 함께하지 못할 것이라는 안타까운 생각이 들었다.

도시에 대한 기억을 안고 살아가는 사람들

노트르담 화재를 계기로 '기억'에 대해 생각해보게 되었다. 많은 파리인은 인식하든 인식하지 못하든 간에 노트르담에 대한 숱한 기억을 가지고 있을 것이다. 도시 중심에 우뚝 선 성당을 먼 데서 혹은 가까운 데서 보아왔을 것이고 수없이 많이 그 앞을 지나치며 살아왔을 것이다. 나 같은 외국인조차 노트르담 앞에서 사진을 찍던 사람들의 모습을 떠올리며 회상에 잠길 정도였으니까.

내게도 나고 자란 서울에 대한 기억은 참으로 다양하다. 어린이날 창덕궁에 부모님과 함께 갔던 기억이 있다. 그 시절엔 창경원이라는 이름의 동물원이었는데, 내 마음속에 깊이 남았다. 고등학교 시절 덕수궁 돌담길을 따라 등하교를 하던 기억도 있다. 지금은 공원이 되었지만 5·16광장이라 불리던 여의도의 드넓은 광장에서 자전거를 타던 기억도 있으며, 어느 날 불길에 휩싸여 무너져버린 남대문에 대한 기억도 있다. 물론 지금은 다시 복원되었지만 말이다. 대단한 의미를 갖는 공간이나 유적이 아니더라도, 어린 시절 동네의 골목길, 회색빛 아파트 단지, 지하철을 타고 한강을 지나던 풍경 등 나의 기억은 실로 다양하다. 타지에서 오래 살았어도 서울에서의 기억이 사라지지 않듯이 사람들은 저마다의 기억을 가지고 도시를 누비고 있을 것이다. 파리 사람들도 원하든 원하지 않든 파리에 대한 기억과 느낌을 그 자신의 삶으로 체화하며 살아왔을 것이다.

프랑스의 소설가 모파상은 자신의 소설에서 에펠탑을 가리켜 "거대하고 흉측한 뼈대"라고 이야기했지만, 아르누보 양식의 '흉측한' 철제 구조물은 백 년이 훌쩍 지난 오늘날 파리의 상징이 되었다. 그가 아직도 생존해 있었다면 에펠탑이 보이지 않는 곳에 머무르기 위해 에펠탑에서 식사하는 것이 아니라, 사랑에 빠져 그곳에서 계속 식사를 하고 있을지도 모른다. 낯섦이 일상으로 변하고, 일상이 기억으로 변할 때 더 이상 그것은 떠나보낼 수 없는 삶의 요소가 된다. 축조 당시 많은 이들이 그토록 에펠탑을 비난했음에도 불구하고, 결국 파리 시민들은 에펠탑 철거에 반대하고 파리의 상징으로 받아들였으니 말이다. 파리 사람들은 혁명 이후 낯섦을 받아들일 준비가 되어 있었다.

프랑스인들은 단순한 생존이 아니라, 인간의 존엄성과 평등을 쟁취하기 위해 혁명을 일으켰다. 불합리한 시대를 혁명을 통해서 전복시킨 유전자를 가진 사람들인 것이다. 역사는 순응하는 것이 아니라 만들어가는 것이라는 인식이 고정적으로 각인되어 있는 것만 같다.

프랑스혁명이 일어나고 백 년이 지났지만, 프랑스인들은 여전히 혁명이 아로새긴 기억과 흔적들을 품고 살아왔을 것이다. 그사이 그들은 산업혁명을 통해 경제발전을 이루고 부국(富國)이 되었다. 그리고 혁명 100주년 기념을 겸해 경제적인 부를 과시할 목적으로 만국박람회를 열었다. 그 상징물이 바로 에펠탑이었다. 파리의 우아한 석조 건축물들 사이에서 철골 구조가 그대로 드러나 눈에 도드라지는 에펠탑은 신재료를 사용해 완벽한 구조물을 만들어낸 당대 과학과 기술, 그리고 건축의 성공작이었다. 다만 기존의 상상력을 뛰어넘는 것이어서 논란에 휩싸였을 뿐이다.

만일 혁명에 대한 그들의 기억이 없었더라면 그들은 철골 구조물인 에펠탑을 세우는 대신, 거대한 석조 신전을 세웠을지도 모른다. 새로운 세계를 갈망한 혁명의 불꽃은 새로운

에펠탑이 바라보이는 풍경

재료와 기술을 받아들이는 것을 두려워하지 않았다. 파리의 건축은 그렇게 혁명처럼 쇄신되었다.

파리에 대한 나의 고찰

내가 파리에서 처음으로 가장 인상 깊게 본 건축물 중 하나가 바로 지하철역이었다. 학창 시절, 건축사 책에서 처음으로 엑토르 기마르(Hector Guimard)가 아르누보의 철골 구조물로 설계한 파리 지하철역 사진을 보았다. 그때는 그저 호기심을 자극했던 건축물 중 하나로만 머릿속에 남았다. 학구적인 학생이 아니었던 관계로 다양한 서양의 건축 사조들을 머리에 담는 것이 여간하지 않았다. 책으로 배운 건축사는 시험 준비 과정에 불과했다. 잠시 외웠다가 시험이 끝나면 바로 잊어버리는 식이었다.

그나마 프랑스 건축사가 비교적 머릿속에 오래 남았던 것은 어린 시절 만화로 읽었던《베르사유의 장미》에 대한 기억과 그로 인해 생긴 바로크와 로코코의 이미지 덕분이었다. 그리고 이름부터가 뭔가 프랑스답고 우아하게 느껴지는 아르누보 양식은 그 기괴한 곡선들 덕에 인상에 깊이 박혔다. 아마도 그러한 이유로 건축사 책에서 잠시 본 파리 지하철역의 모습이 기억에 오래 남았을 것이다.

내가 처음 파리에 와서 지하철역을 보고 놀란 이유는 이 철골 구조물이 아름답다기보다 괴상하게 여겨졌기 때문이었다. 파리 지하철역 중 한 곳만 이런 구조물일 줄 알았는데, 이건 뭐 파리 지하철역의 매뉴얼화된 디자인이었다. 파리의 어디를 가도 이 지하철 구조물을 피해갈 수 없었다. '흉측한'이라는 문구에 반대 의견을 가진 사람도 많겠지만, 지극히 사적인 감상으로는 솔직히 첫눈에 흉측해 보였다. 공공시설의 간판이나 사인물의 그래픽 요소들은 주목성이 뛰어나고 간결해야 한다고 배워온 나에게는 분명 그렇게 보였다. 글씨는 멀리서 알아보기 좋아야 하고, 자유 곡선의 형태는 그래픽적인 요소로 사용하지 않는 것이 정설이었다. 그런데 마치 짐승의 뼈를 발라놓은 듯한 구조물에 흘러내리는 듯한 글자는 공공시설의 매뉴얼로는 너무 부적합해 보였다. 게다가 일괄적으로 만들기도 어려운 복잡한 데커레이션의 형태라든가, 메뚜기 눈 같은 빨간색 조명은 낯설기 짝이 없었다.

처음 건립된 시기로 거슬러 가보자면, 이 지하철 구조물은 당시의 트렌드를 적극적으로 반영한 결과로 만들어진 것이었다. 유행과 패션에 민감한 프랑스인들은 이미 이 무렵 아르누보를 도시 안에 받아들일 만반의 준비가 되어 있었던 것이다.

내가 이 구조물을 첫눈에 '흉측하다'고 생각했던 건 아마도 '낯섦' 때문이었을 것이다. 급속한 경제개발 시기에 모던

파리의 지하철역 구조물. 파리의 대표적인 아르누보 건축물이다.

화가 숙명이었던 대한민국 서울에서 온 나에게 파리에서 만난 현란한 장식들은 말 그대로 낯설고 달랐다. 그 다름을 틀림으로 오인했을 것이다. 당시의 내가 혹시 지하철역 구조물을 만들 수 있는 기회를 얻는다 해도, 파리의 지하철역 같은 디자인은 꿈속에서 계시를 받지 않고서야 상상조차 할 수 없었을 것이다. 어쩌면 그래서 더 인상적이었던 아르누보의 세계를 그렇게 처음 만났다. 많은 사람이 파리의 첫 모습을 지저분하다고 표현하기도 하는데, 실제로 거리에 오물이 많다거나 낙서가 많다기보다는 이렇게 시각적으로 간결하지 않은 조형에서 비롯된 것일 가능성이 크다.

산업혁명이 일찍 시작된 프랑스는 대량의 제품을 생산할 수 있는 체제로 빠르게 접어들었다. 이전의 수공업에 비해 단순해진 데다 초기 생산물의 품질이 조악했기 때문에, 일각에서 대량 생산품에 대한 회의를 품기 시작했다. 프랑스가 어떤 나라인가. 바로크와 로코코 양식을 통해 한 시기 장식의 끝장을 보았던 곳이 아니던가. 이들에게 어느 날 갑자기 다가온 대량 생산 체계와 그로 인한 단조로운 결과물들은 어쩌면 너무 생경했을 것이다. 그 장식의 역사가 보통의 가난한 민중들과 동떨어진 것일지언정, 대다수의 프랑스인들은 이미 익숙하게 받아들이고 있었을 것이다. 혁명을 통해 나라를 바꾼 사람들이라고 하지만, 상품의 단조로움과 조악함을 혁명으로 받아들이기엔 그 이전에 보아왔던 공예와 장식의 역사가 너무 화려했다. 그래서 그들이 급격한 변화를 잠시 멈춰 세우고 찾아낸 양식이 바로 아르누보였다.

오늘도 계속되는 파리의 혁명

아르누보 양식은 모더니즘을 향해 가는 시간에 잠시 제동을 걸고 장식의 세계로 이끌었다. 게다가 그 영향력은 지금까지도 이어지고 있다. 물론 바우하우스의 관점에서 보자면 시간을 거꾸로 돌린 퇴보라고 볼 수도 있겠지만, 프랑스 장식의 역사에 입각하자면 합당한 수순이었을 것이다. 아르누보는 기존의 바로크와 로코코의 장식을 계승한 것이 아니라, 아예 새로운 장식의 역사를 창조했다.

에펠탑이나 파리 지하철역의 구조물을 보면 알 수 있듯이, 이 시기 프랑스인들은 철이라는 금속을 적용해서 장식적인 요소와 구조적인 요소를 동시에 충족시키는 방법을 찾아냈다. 철이라는 재질이 지닌 휘는 물성, 육중하지 않은 구조로 충분히 가질 수 있는 인장력 등 신소재의 특성을 가장 효과적으로 사용할 수 있는 표현방식을 철저하게 고민한 결과라고 볼 수 있다.

아르누보의 장식은 기존 장식보다 더 자유로웠다. 고전

건축과 장식이 갖는 대칭의 법칙이 깨졌다. 이 대칭의 법칙이 깨지자 표현은 더 큰 자유를 얻었고, 계산된 곡선 대신 자연 어느 곳에서든 얻을 수 있는 유기적인 곡선이 사용되었다. 아르누보를 대표하는 식물 모티프는 실로 다양한 곡선을 탄생시켰다. 아르누보의 표현에는 거침이 없었다. 철이라는 소재는 이 곡선을 표현하기에 너무나도 적합한 재료였다. 이 거침없는 자유 곡선이 파리를 아르누보의 도시로 만들었다.

파리는 완벽하게 계획된 도시다. 에펠탑 정상에서 보면 다양성이 존재하지 않는 오로지 하얀 벽과 회색의 지붕을 가진 똑같은 층수의 건물들이 규칙적으로 블록을 이루어 형성되어 있다. 개선문과 신 개선문 라데팡스를 연결하는 축을 보면 개선문을 중심으로 방사형으로 배열된 블록들이 눈에 들어온다. 이렇게 원거리에서 보면 자로 그은 듯 기하학적이고 정형적인 파리가, 거리로 내려와 눈높이에서 바라보면 엄청나게 복잡하고 어수선한 도시로 변한다. 아르누보의 디자인에서 보았듯이, 틀에 얽매이기 싫어하고 정형화를 거부하는 프랑스인들의 취향이 도시 곳곳에서 발견되기 때문이다.

중세의 성당들이 신의 권력을 찬양하기 위해 만들어졌고 왕정 시기의 궁전들이 왕의 권력을 위해 지어졌다면, 19세기 혁명 이후에 만들어진 에펠탑이나 그랑팔레와 같은 철골 구조물들은 시민들의 자존심을 위한 것이었다. 아르누보 양식의 대표적인 구조물인 지하철역이 더 큰 의미를 갖는 이유는 이 디자인이 소수의 권력을 위한 것이 아니라 파리 시민을 위한 것이었기 때문이다.

20세기 들어 포스트모더니즘의 시대에 만들어진 퐁피두 센터는 프랑스 혁명의 정신이 아직도 살아 있음을 보여주는 사례가 아닐까 생각한다. 건축물의 마감을 과감히 생략하고, 구조물과 서비스 덕트가 밖으로 다 드러난 이 건물은 지금도 여전히 새롭지만, 처음 선보였을 때는 정말로 어마어마한 충격이었다. 흉측한 뼈대로만 구성된 에펠탑이 세워졌을 때와 비교해도 놀라움의 정도가 모자라지는 않았을 것이다. 하지만 퐁피두 센터가 세워지기 그 훨씬 이전에 파리인들은 이미 에펠탑이 주는 충격을 경험한 바 있었다. 그래서 퐁피두 센터가 세워졌을 때는, 이 또한 새로운 혁명이겠거니 하고 흥미롭게 받아들일 여유가 있었던 것이다.

퐁피두 센터에는 면의 요소가 없다. 설비 파이프들이 모여 어디론가 연결되어 있고, 각 파이프에서는 마치 혈관에서 피가 흘러가는 생명체처럼 전기를, 물을 뿜어 어디론가 흘러가게 하고 있다. 뿌리에서 빨아들인 물을 잎맥으로 전달해 산소를 뿜어내듯이, 건물 어디에선가는 끝없는 물질의 교류가 이루어지고 있는 것이다. 한마디로 살아 있는 유기물과 같은 구조. 형태적으로는 해체주의를 따르고 있지만, 그 안에는

파리의 퐁피두 센터. 설비 파이프가 노출된 외관을 볼 수 있다.

아르누보에서 보았던 개념이 녹아 들어가 있다. 아르누보의 주된 모티프인 식물의 줄기처럼 퐁피두의 수없이 많은 파이프가 생명의 물을 공급하고 있는 것이다.

올해 초 1월에 또다시 파리를 찾았다. 지난가을에 지베르니의 모네의 정원에 갔던 기억을 떠올리며, 다시 한 번 모네의 수련 연작을 보기 위해 오랑주리 미술관에 들렀다. 아침 일찍 미술관에 도착했는데 너무 서두른 탓에 아직 문을 열기도 전이었다.

유난히 햇살이 좋은 겨울날이었다. 바람이 좀 쌀쌀하긴 했지만, 미술관 문이 열리기를 기다리며 튈르리 정원에서 잠시 산책을 했다. 공원은 사람이 많지 않아 고요했고, 연못의 물은 바람에 살랑살랑 흔들리는 그런 기분 좋은 날이었다.

기억을 딛고 새로움에 도전하는 도시

잠시 살랑대는 물살을 바라보려고 벤치에 앉았다. 튈르리 정원 일대에 그 이전에 보지 못했던 올리브그린색 의자들이 여기저기 놓여 있었는데, 일반적인 스트리트 퍼니처의 무거운 의자가 아니라 휴양지나 일상생활에서 볼 수 있는 가벼운 알루미늄 다이캐스팅(die casting) 의자였다. 프랑스의 대표적인 아웃도어 가구 브랜드인 페르몹에서 제작한 의자였다. 페르몹은 파리의 카페에서 흔히 볼 수 있는 철로 된 접의식 의자로 유명한 대중 브랜드이다. 튈르리 정원에 있는 뤽상부르라는 이름의 의자 또한 페르몹의 시그니처 제품 중 하나다. 정말 놀라운 것은 이 현대적인 철제 의자와 파리라는 공간이 주는 복잡다양한 장식 요소들이 묘한 어울림을 자아낸다는 점이다.

튈르리 공원을 위해 선택된 그린색은 자연 친화의 상징적 컬러로, 파리의 지하철에 사용된 것과 같은 색이다. 과하지 않게 적용된 페르몹 의자의 곡선과 그린색이 입혀진 철제 의자에서 파리의 공공시설에 사용된 아르누보의 데자뷔를 느꼈다면, 그것은 나의 억지일까? 그러자 프랑스의 동시대 디자인의 맥이 어디서 오는 것인가에 대한 답을 얻은 듯 머릿속이 맑아졌다.

20세기 디자인의 아이콘으로 불리는 필립 스탁(Philippe Starck)을 떠올렸다. 필립 스탁은 기발한 상상력과 단조로움을 깨는 다양하고 새로운 형태의 디자인 제품을 선보여 온 프랑스의 대표적인 제품 및 인테리어 디자이너다. 이탈리아의 플라스틱 가구 브랜드인 카르텔 사의 마드모아젤 의자에서 보았던 필립 스탁 특유의 곡선이 아르누보의 곡선을 닮았다고 하면 억측일까? 필립 스탁이 디자인한 알레시 사의 과즙기 쥬시 살리프의 우아한 다리 곡선이 아르누보의 곡선이라고 하면 나의 상상에 불과한 것일까?

2019년 필립 스탁은 세계에서 가장 큰 디자인 행사인 밀라노 가구전을 통해 카르텔 사와 컬래버레이션을 해 AI 의자를 선보였다. 이 AI 의자가 주목받았던 큰 이유는 필립 스탁과 카르텔이라는, 믿고 보는 디자이너와 브랜드의 결합이 주원인이기도 하지만, 오토데스크 사의 3D 모델 창출 과정도 한몫을 했다. 이 의자의 디자인은 오토데스크의 인공지능 프로그램과 필립 스탁 사이의 무수한 대화를 통해 창조되었다. 필립 스탁은 그의 머릿속에 있는 디자인과 의자의 요건에 대해 AI와 지속적으로 의견을 나누고, AI는 그 의자를 시각적으로 형상화했으며, 카르텔의 기술이 제품을 사출해냈다.

놀랍게도 이 AI 의자는 기존에 필립 스탁이 카르텔과 진행해오던 다양한 협업의 맥락을 여실히 보여주었다. 필립 스탁 특유의 유쾌하면서 카리스마 있는 곡선들이 그대로 표현된 것이다. 그 곡선에서 내가 오늘 아르누보의 곡선을 엿보았다고 하면 필립 스탁은 뭐라고 할지 궁금하다.

필립 스탁은 다양한 상상력과 새로운 디자인을 끝없이 추구해온 프랑스 디자인의 거장이다. 그의 새로움은 그가 살아온 삶에서 비롯된 것이었다. 자신을 둘러싼 모든 환경이 그의 영감이었다. AI 의자를 만들기 위해 인공지능과 대화를 나눌 때도 그는 뇌 속에 자리 잡은 일상과 삶의 기억들을 차근차근 풀어갔을 것이다. 그리고 AI는 그 기억들을 결합해 특별한

필립 스탁 디자인의 AI 의자가 카르텔의 쇼룸에 전시되어 있다.

곡선의 의자로 형상화했을 것이다.

다시 노트르담 성당 이야기로 돌아가자면, 프랑스의 수많은 건축가는 첨탑이 완전히 소실된 노트르담 성당을 보면서 새로 복원될 성당의 모습에 대해 상상의 나래를 펼치기 시작했다. 원래의 첨탑을 그대로 복원하는 방법만 생각하고 있던 나에게 그들의 발랄한 상상력은 또 한 번의 신선한 충격이었다. 유리 첨탑, 불꽃 형태의 첨탑, 스테인드글라스와 같은 느낌의 조명을 담은 지붕 등등 다채롭기 짝이 없었다. 그들의 대담한 상상력을 지켜보며, 언제든 올지 모를 혁명의 날을 기다리던 파리지앵들의 자세를 읽었다. 물론 노트르담 성당이 그런 식으로 복원될 가능성은 거의 없다. 실제로 3D 데이터화 된 자료를 바탕으로 하여 붕괴 이전의 모습 그대로 복원하는 방향으로 진행되고 있다고 한다.

노트르담 성당은 사람들의 기억을 오롯이 되살리면서 우리 앞에 다시 모습을 드러낼 것이다. 그렇게 오래된 것과 깜짝 놀랄 만큼 새로운 것들은 언제나 경쟁하듯 파리라는 하나의 도시를 이루어갈 것이다. 그 깊은 내부에는 공통된 점이 하나 존재하는데, 바로 도시에 대한 파리지앵들의 기억이다. 오래된 기억과 바로 지금의 삶을 통해 새롭게 생성되는 기억 사이의 알력과 조화에서 새로운 창조가 꽃핀다. 파리에서는 그것을 확인할 수 있다.

모네가 사랑한 정원의 국적은
프랑스가 아니다

France

2

내가 첫 번째 파리 여행에서 보았던 것

내가 처음 파리 여행을 했을 때 가장 인상적이었던 건 에 펠탑도 개선문도 아닌 바로 파리의 미술관이었다. 그 무렵 나는 인테리어 디자인을 배우기 위해 밀라노에 유학을 와 있었다. 유학을 온 지 일 년 반 정도 지나 파리 여행을 했다. 나는 당시 디자인 영역에서 자유로운 표현의 세계를 찾는 것에는 한계가 있다며 불만을 토로하고 다니던 시절이었다. 미숙했던 시절의 이야기지만, 당시엔 그런 불만 때문에 디자인보다는 순수 미술에 더 끌렸었다. 아마도 처음 유럽에 와 사진 속에서만 보던 명화들을 실제로 보기 시작하면서, 어린 시절의 꿈들이 다시 나를 자극했던 것 같다.

그 시절 디자인을 그만두고 그림을 그리겠다고 스케치

북을 들고 다니며 잠시 방황했었다. 하지만 지나고 돌이켜보면 실로 가벼운 방황이었을 뿐, 애초에 내 삶을 바꿀 용기까지는 없었던 것 같다. 예술은 동경하지만 배고픔은 참을 수 없을 것 같던, 그런 평범하고 깊이 없는 방황이었으리라. 하지만 그런 과정을 거쳤기에 아직도 나의 마음속에는 순수 미술은 영원히 도달하기 어려운 동경의 세계로 남아 있다.

하여간 그 무렵, 한국에서 언니가 찾아와 함께 파리 여행을 떠났다. 언니와 단둘이 한 첫 여행이었다. 어릴 적 틈만 나면 달력 뒷면에다 그림을 그려대던 자매였기에, 함께할 첫 여행지로 파리를 정한 것은 당연지사였다.

보통 처음 관광을 오는 사람들이 다들 그러듯이, 우리도 박물관 패스를 구매했다. 이 박물관 패스라는 것이, 방문할 수 있는 장소 리스트를 보면 어마어마하게 많은 곳을 갈 수 있을 것 같지만, 실제로 목표량을 달성하려면 정해진 날짜 안에 거의 한시도 쉬지 않고 발품을 팔아야 한다. 빠듯한 예산에 거금을 투자해 박물관 패스를 구매했으니, 우리는 이 박물관 루트를 빠짐없이 방문하기로 결심했다. 실제로 우리는 이 패스 하나를 손에 들고, 파리의 모든 미술관과 박물관을 밥 먹을 시간조차 없이 걷고 뛰며 샅샅이 헤매고 다녔다.

하지만 박물관 패스가 있어도 루브르 박물관처럼 한도 끝도 없이 줄을 서야 하고 봐야 할 것은 너무 많은 곳에 가게 되면, 목표량을 초과 달성하기가 쉽지 않다. 그렇다고 루브르 박물관과 오르세 미술관을 빼놓을 수는 더더욱 없는 일.

　루브르 박물관의 〈모나리자〉와의 만남은 사실 그리 만족스럽지 못했다. 가로막고 선 유리 액자, 너무나 많이 몰려든 사람들, 끝없는 기념촬영. 이런 상황이 좀 우스꽝스럽게 느껴졌다. 그렇게 파리에서의 레오나르도 다 빈치라는 거장과의 만남은 큰 감동 없이 싱겁게 끝났다.

　고전 회화에 담긴 신화와 종교 이야기, 역사 스토리는 당시의 미천한 안목으로는 충분히 이해하기 어려웠다. 그러니 초짜 관람객인 나에게는 루브르 박물관 관람이 다소 지루하기까지 했다. 당시에 남은 것이라고는 루브르 박물관을 가보았다는 훈장뿐이었다.

　반면, 그때의 파리 여행에서 단연 하이라이트는 오르세 미술관 방문이었다. 물론 오르세 미술관이라고 해서 루브르 박물관보다 인파가 적은 것도 아니었고, 줄을 안 서도 되는 상황도 아니었다. 하지만 상대적으로 대중에게 더 친근한 인상파 화가들의 작품이 많아서, 나는 그제야 뭔가 눈앞에서 즐거운 일이 펼쳐지고 있다는 생각이 들었다. 도판으로만 보아왔던 작품들을 실제로 눈앞에서 바라볼 때 느낄 수 있는 감동 또한 그때 처음 알았던 것 같다.

　인상파 화가들의 작품 속에는 신과 역사 속 인물들의 세계나 지루한 풍경이 아닌, 개성 가득한 화풍으로 만들어낸 새로운 세계가 있었다. 학창 시절 미술 시간에 인상파 화가들은 빛을 표현했다고 배웠는데, 도판으로는 충분히 실감할 수 없었던 그 '빛의 표현'이란 것이 원본 앞에 서고서야 비로소 이해가 되었다. 인쇄를 하다 보면 화가들이 그리고자 했던 빛들이 상당 부분 죽어버린다는 것을 그제야 알았다. 하지만 원본 앞에 서서 바라보니 빛이 실제로 살아 있었다. 그저 붓 자국으로 느껴지던 터치들이 생생하게 빛나고 있었다.

오르세 미술관의 하이라이트를 꼽으라면, 나는 모네의 〈수련〉과의 만남을 얘기한다. 모네의 〈수련〉에 담긴, 살짝 보랏빛이 감도는 그 공기의 느낌은 그 이전의 다른 화가들의 그림에서 쉽게 볼 수 없었던 아주 특별한 것이었다. 물결과 꽃과 식물들에 감도는 빛의 요소, 그리고 그 빛으로 인해 부서지는 색상의 향연. 모네의 그림은 그래서, 실물로 보았을 때와 사진으로 보았을 때가 가장 느낌이 다른 작품이었다.

우리는 모네를 좀 더 제대로 만나보자 마음먹고 오랑주리 미술관으로 향했다. 그리고 우리는 모네의 그림이 360도로 둘러져 있는 오랑주리 미술관의 갤러리 한가운데 앉아 모네의 연못을 바라보았다. 말로 설명할 수 없이 행복한 순간이었다.

우리 자매는 지금도 가끔 그때의 파리 여행을 얘기하곤 한다. 처음으로 함께한 여행담, 예술이라는 우리의 공통된 관

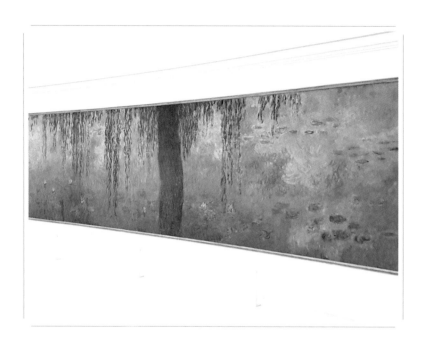

파리 오랑주리 미술관의 〈수련〉 연작

심사, 우리가 처음으로 보았던 그 황홀한 그림들, 그리고 꼭 다시 파리에 오자던 약속을.

취향도 관심사도 비슷한 우리가 역시나 의견 일치를 보았던 것도, 바로 미술 감상의 하이라이트로 모네의 〈수련〉을 꼽았다는 점이다. 약속과 달리 그 이후로 우리가 다시 파리를 헤매고 돌아다니는 일은 없었지만, 나는 프로젝트를 위해, 때로는 친구를 방문하기 위해 혼자 밀라노에서 파리 사이를 수도 없이 오가곤 했다.

모네의 정원 지베르니

최근 몇 년 나는 메종 앤드 오브제(Maison & Objet)라는 디자인 페어의 관람을 위해, 특별한 사정이 없으면 일 년에 두 번은 꼭 파리를 찾는다. 가끔은 바빠서 페어 일정만 마치고 서둘러 밀라노로 돌아오기도 했지만, 시간적 여유만 허락하면 여행자가 되어 파리 곳곳을 돌아다녔다.

최근 페어에 갔다가 하루의 여유 시간이 생겨, 뭔가 특별한 곳을 가보자는 생각을 했다. 파리 시내를 배회하는 대신 기차를 차고 내가 향한 곳은 지베르니, 모네의 정원이 있는 바로 그곳이었다.

화가가 살았거나 창작을 했던 곳을 가보는 것은, 화가가 바라본 인상이 어떠했을까 상상하게 되는 아주 흥미로운 경험이다. 피렌체의 하늘을 보며, 미켈란젤로가 어떻게 저 하늘을 묘사했는가 다시금 상상해보는 것. 별이 뜨지 않은 어두운 밤의 리옹에서 홀로 론강을 거닐며, 고흐가 바라본 별이 빛나는 하늘을 머리 위에 영상처럼 펼쳐보는 상상. 화가와의 교감을 이루는 데 가장 좋은 방법은 그들이 있었던 그곳에 있어보는 것이라고 나는 늘 생각한다.

지금껏 해보지 못한 모네와의 교감을 위해 나는 이른 아침 파리 생라자르 역에서 지베르니행 티켓을 샀다. 한 시간 정도 파리에서 기차를 타고 가면 지베르니 기차역에 도착한다. 그리고 그 앞에서 모네의 집까지 가는 버스를 타고 작은 마을에 들어섰다.

모네의 집으로 가는 작은 골목골목에는 여기저기 꽃들이 피어 있었다. 이미 여름이 어느 만큼 물러난 9월 중순, 파리 근교의 작은 마을은 채도가 살짝 떨어지는 파스텔톤의 서늘한 하늘이 펼쳐져 있었다. 굳이 모네와의 만남을 위해 찾아가지 않더라도 그 자체로 예쁜 마을이 눈앞에 있었다.

모네가 실제로 살았고, 그가 아틀리에로 사용했던 모네 미술관에 들어갔을 때, 나는 가장 먼저 그 인테리어의 화려함에 깜짝 놀랐다. 살아서 이미 명성을 떨치고 성공한 화가답게 그의 집은 그의 취향으로 가득 채워져 있었다. 역시나 프랑스

○

모네의 집으로 향하는 길

인답게 기능주의자는 아니었으며, 프랑스의 전통적인 장식 요소들을 사랑했던 것 같다. 방마다 장식적 요소가 많은 다양한 가구들이 구성에 맞게 배치되어 있었다.

그곳에서는 그의 아틀리에는 물론, 침실, 주방, 다이닝룸, 리빙룸 등 모든 공간을 볼 수 있었다. 그리고 일자 배치의 건물 덕에 거의 모든 방에서 햇살이 쏟아지는 창을 통해 아름다운 정원의 모습을 내다볼 수 있었다. 꽤 규모가 컸던 그의 집에는 이렇게 각각의 개성으로 가득한 여러 개의 방들이 있었다.

하나하나의 가구를 그가 직접 선택했을 것이다. 화려한 꽃 벽지들과 레이스 커튼들도 섬세한 화가의 눈으로 코디했을 것이다. 그 공간들을 샅샅이 둘러보고 즐기려면 제법 긴 시간이 걸리는데, 그중에서 가장 놀라운 점을 꼽자면, 과감한 컬러 선택을 들 수 있다.

예를 들면, 채도가 낮지만 아주 밝은 노란색으로 채색된 다이닝룸은 벽 전체뿐 아니라 찬장과 의자, 데스크 벽난로 등 모든 가구가 같은 색으로 채색되어 있었다. 라운지 공간은 두 가지 톤의 하늘색으로 벽과 벽의 몰딩, 천장과 천장의 몰딩이 전부 채색되어 있었으며, 가구의 색상 또한 하늘색으로 칠해져 있었다. 그리고 또 한 가지, 이러한 여러 가지 다양한 장식 요소들과 컬러가 주는 독특한 느낌의 공간을 탐색하다 보면 특히나 눈에 많이 띄는 것이 있는데, 바로 일본 그림들이었다.

모네의 아틀리에. 큰 창으로 정원이 내다보인다.

우키요에로 데커레이션이 된 방

인상파 화가들에게 기존의 고전적인 화풍, 표현 방식, 채색 방식에서 벗어나 새로운 화풍을 만들어내도록 하는 데 결정적인 역할을 했던 일본의 우키요에 작품들이 많은 벽을 차지하고 있었다. 모네가 우키요에의 영향을 받았다는 것은 여러 매체를 통해 듣기는 했으나, 그가 이렇게까지 많은 작품을 소장하고 있었을 줄은 몰랐다. 게다가 벽과 천장과 가구들의 독특한 채색들이 우키요에 그림과 어우러질 때, 그 컬러의 조화는 너무나도 완벽해서 전혀 이질감이 느껴지지 않았다.

나는 인테리어 디자이너로서 이렇게 색상과 명도와 채도가 맞아떨어지는 완벽한 조화는 우연의 일치가 아니라는 걸 잘 안다. 모네는 섬세하게 가구와 패브릭과 마감재를 선택한 후에, 그저 수집해놓은 우키요에를 걸어놓은 게 아니다. 그런 프로세스로는 이런 완벽한 조화가 이루어질 수 없다는 것을 나는 직업적으로 판단할 수 있다. 모네는 집을 채색하고 꾸밀 때 이미 우키요에를 염두에 두고 있었다. 아니, 어찌 보면 염두에 두고 있었다기보다는, 이미 그 우키요에의 색감과 모네 자신의 색감이 일치를 이루는 단계에 이른 것일지도 모른다.

흔히 인테리어 작업 중 서로 다른 요소들을 섞어서 조화롭게 연출하는 방법을 콘셉트로 활용하는데, 이를 '믹스 앤드 매치(mix and match)'라고 한다. 모네의 집은 완벽한 믹스 앤드 매치가 이루어진 곳이며, 동양과 서양의 미술이 한 공간에 다채롭게 표현된 곳이었다.

프랑스에 스며든 동양의 문화

모네는 어떻게 그 시기에 이 믹스 앤드 매치를 이루어낼 수 있었을까? 19세기 파리의 만국박람회를 통해 본격적으로 서구 세계에 소개된 일본의 판화 우키요에는 당시의 파리 화가들에게 일본에 대한 궁금증과 동경을 심어주었다.

르네상스 시기 이후로, 회화의 세계에 있어서 원근법은 부동의 원칙이었다. 화가들은 원근법을 더 잘 구현하기 위한 노력을 끊임없이 해왔다. 빛이라는 주제에 있어서도 예외가 아니어서 어두움과 밝음을 표현하는 방식으로 원근법을 구축해왔다. 원근법에 있어서도 주관화된 표현은 배제되어왔다. 그런 정석이 지배하는 서구의 화풍에, 어느 날 갑자기 등장한 우키요에는 거대한 문화적 충격이었다. 대중들도 이 독특한 화풍에 매료되어 일종의 트렌드가 되었다. 당연히 시각적인 정보에 민감한 화가들에게 우키요에가 얼마나 매력적이었을지, 쉽게 상상해볼 수 있다.

원근법이 무시된 표현, 그 강렬한 색채감, 그리고 평면적 구성 안에서의 치밀한 디테일들, 면과 선을 다루는 독특한 방식들은 기존의 서양 회화가 가지고 있던 고정관념과는 전혀

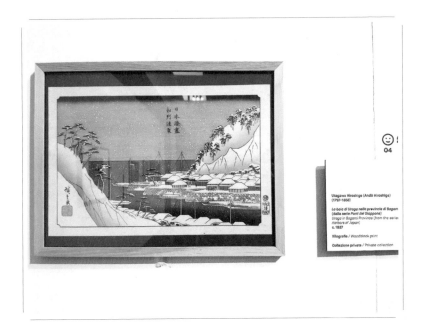

우타가와 히로시게의 그림. 2019년 11월 밀라노 뮤덱 미술관의 전시회.

다른 것이었다. 모네를 비롯한 인상파 화가들은 이 새로운 세계를 자신의 화풍에 담아보고자 했던 것이다.

그렇게 탄생한 것이 바로 자포니즘(Japonism)이었다. 저 멀리 일본에서 넘어온 새로운 문화가 소개되어, 문화 믹스 현상이 일어났고, 특히 인상파 화가들이 적극적으로 그들의 화풍을 받아들이기 시작했다.

사실상 19세기 프랑스의 화풍은 오리엔탈리즘이 지배적 요소를 이루고 있었다. 식민지 경영과 오리엔탈 여행의 경험은 그들에게 있어 신선한 자양분이었다. 그 시기의 오리엔탈리즘의 영향은 서남아시아와 북아프리카의 이슬람 세계가 중심이었는데, 이를 통해 표현되었던 것은 새로운 화풍이라기보다는 그 세계에 대한 판타지적 묘사에 불과했다. 이슬람 여성의 모습이나 낯선 동양 세계의 복장들을 자기 화풍에 그대로 옮겨오는 것에 가까웠다. 문화 믹스 현상으로 보기에는 다소 미미했다. 그저 소소한 소재나 주제의 변화 정도에 불과했다고 봐야 할 것이다.

르네상스 시기 카라바조와 젠틸레스키는 각각 〈홀로페르네스의 목을 치는 유디트〉를 그렸다. 카라바조나 젠틸레스키는 그 동작이나 표정에서 다른 해석과 표현을 해내긴 했지만, 누가 봐도 같은 주제를 그렸다는 걸 바로 알 수 있다. 동시대인 만큼 화풍에 있어서도 크게 다른 점을 보이지 않으며, 그려진 복장도 큰 차이는 없다.

그런데 얼마 전 리옹의 아트 보자르 미술관을 관람하다가, 나는 한 남자의 잘린 머리를 한 손에 들고 있는 여전사를 그린 그림을 보았다. 그녀의 표정은 단호했다. 아랍풍의 복장에 머리에는 두건을 두르고 있었다. 제목을 들여다보고서야 나는 그림 속 여인이 유디트라는 걸 알았다. 19세기 프랑스 화가 쥘 클로드 지글러를 통해 유디트는 아랍 세계의 복장을 한 여인으로 다시 태어난 셈이었다.

쥘 지글러의 유디트처럼, 그들이 주로 다루던 주제 또는 그들이 바라보던 세상을 이전의 화풍으로 그대로 표현하되, 오리엔탈의 판타지적인 요소들을 섞어 넣는 식으로 오리엔탈리즘이 활용되었던 것이다. 그러니 새로운 화풍을 창조했다기보다는 그들의 입맛에 맞는 요소들을 자기들의 화풍이 허락하는 범위 안에서 소재로 활용했을 뿐이었다.

이와 비교해보자면, 자포니즘의 영향은 기존의 오리엔탈리즘의 영향을 뛰어넘는 것이었다. 인상파 화가들은 일본에 대한 판타지를 기존의 화풍에 담아내는 것이 아니라, 자신들의 표현 방식을 변화시켰다. 컬러를 바꾸고, 터치감에 변주를 주고, 나아가 모네처럼 삶의 양식에도 변화를 주었다.

모네의 일본식 정원

모네는 지베르니의 집을 일본의 화풍과 오브제들로 가득 채우고, 우키요에의 색으로 채색했다. 그토록 가까이에 일본의 인상을 두고 그것을 화폭에 옮기기 시작했다. 그것이 바로 〈지베르니의 정원〉이다.

모네의 정원은 유럽 대부분의 정원에서 볼 수 있는 기하학적이고 대칭적인 구조가 아니었다. 자를 대고 자른 듯한 나무도, 연못을 굳건하게 둘러싼 경계석도 없었다. 프랑스 왕정 시대 귀족들이 즐기던 미로의 정원도 보이지 않았고, 대신 자연스럽게 꽃과 나무 사이로 시선이 지났다.

연못은 그 끝과 시작을 알 수 없을 만큼 자연스럽게 땅과 연결되었고, 풀과 나무들은 자유롭게 가지를 뻗고 있었다. 색상별로 조성된 기하학적 구획은 찾아볼 수 없었고, 색색의 꽃들은 서로 어우러져 마치 들꽃처럼 피어 있었다. 계산하지 않은 듯 무심하게 배열되어 있으나 사계절 꽃이 피어나는 아름다움을 정원 곳곳에서 느낄 수 있도록 조성되어 있었다.

곳곳에 있는 대나무들은 바람이 불면 잎이 부딪치는 소리를 냈다. 모네는 이 대나무 숲을 산책하며, 그가 가보지 못했던 일본의 한 정원을 거니는 상상을 하지 않았을까? 그렇게 그 정적인 아름다움을 즐기지 않았을까?

○

지베르니 정원의 연못

연못의 군데군데에는 연꽃이 고요하게 피어 있었다. 가끔 잉어가 연못에 그림자를 비치며 지나가거나 바람이 불어 연못의 물살이 보일 때, 이것이 정지된 화면이 아니라는 것을 깨달았다. 연못은 어느 곳에서는 햇살에 빛나다가 어느 곳은 연꽃과 연못에 떨어져 떠다니는 연잎의 그림자 속에 어둡게 남아 있었다.

사람들은 이런 풍경을 보며 감히 소란스레 찬사를 표현하지 못하고, 누가 시키지 않았음에도 속삭여 말하며 그 고요한 감동을 나누었다. 당연히 이 연못에 서게 되면 누구나 신비로운 광경에 사진을 찍고 싶어진다. 그리고 사진을 찍으려고 프레임을 잡으면서, 다시 깜짝 놀라곤 한다. 바로 그 프레임 속에 모네의 그림이 담겨 있기 때문이다. 모네는 이 일본식 정원에서, 프랑스의 햇빛이 선사한 빛의 컬러와 공기의 질감을 더해 자신의 작품을 창조했을 것이다.

프랑스인들을 매료시킨 자포니즘

19세기 프랑스의 화풍을 휩쓸었던 자포니즘의 영향은 오리엔탈리즘처럼 낭만적이고 트렌디한 주제와 소재를 찾는 것에 머무르지 않았다. 프랑스 부흥기에 소개된 새로운 세계에 주목하면서도 단순한 동경이나 신기함을 넘어 새로움을 재

창출하는 방법으로 펼쳐진 것이다.

화가들은 새로운 세계와의 만남을 통해 창조적인 질문을 던지고 자신들의 화풍을 확립해나갔다. 어쩌면 그건 당시의 프랑스 사회였기 때문에 가능한 일이었을지도 모른다. 프랑스 혁명 이후 그들이 마음속에 품고 있던, 전통의 계승과 혁명 정신이라는 두 가지의 측면이 발현했으리라. 그렇게 그들은 자신들의 화풍에 새로운 변화를 담기를 주저하지 않았던 것이다.

이미 신고전주의 시기에 이탈리아로부터 회화의 중심이라는 바통을 이어받은 프랑스의 화풍은 19세기 프랑스의 부흥과 더불어 쏟아져 들어오는 다양한 외부 세계의 문화를 자연스럽게 녹여내면서 근대 미술의 부정할 수 없는 강자로 등극한다. 이 영광의 가장 중요한 위치에, 인상파 화가들의 활약이 있었다. 그리고 그들이 추구했던 자포니즘의 영향 역시 무시할 수 없다.

내 친구들 중 상당수가 파리에서 유학 생활을 했다. 그들과 만날 때마다 자주 하게 되는 이야기 중 하나가 프랑스 사람들의 일본 사랑에 대한 것이었다. 물론 이탈리아 사람들의 일본 사랑 또한 만만치 않지만 말이다. 한국인으로서 나는 역사적 왜곡을 일삼는 일본에 대한 반발심이 강하기 때문에, 종종 그들의 막무가내식 애정에 대해 동양 역사에 무지하다고, 밑도 끝도 없는 일본 판타지는 집어치우라고 비판하곤 한다.

하지만 모네의 정원에서만큼은 그들의 애정을 타당성 있는 수긍으로 받아들였다. 역사적인 감정과 관계없이 예술은 그렇게 바다를 건너와 새로운 아이디어와 문화 창출에 기여했음을 인정할 수밖에 없었다.

지금도 프랑스의 화풍이나 그래픽 같은 디자인적 요소를 볼 때 느껴지는 독특한 색감이 있다. 다양한 컬러의 활용, 파스텔 느낌의 채도감, 밝은 명도이지만 눈부시지 않은 느낌들. 자포니즘의 영향이 한 시기로 끝난 것이 아니라, 그들의 문화 속에서 큰 산맥을 형성하고 있다는 것을 알 수 있는 대목이다.

지베르니 정원에서 시간이 멈춘 듯 고요한 수련의 연못을 보며, 공식을 타파하고 새로운 세계를 꿈꾸었던 모네와 인상파 화가들을 떠올려보았다. 나는 사진 한 장을 찍어 모네의 추억을 함께 간직한 언니에게 보내며 짧은 메시지를 덧붙였다.

"다음엔 꼭 같이 와서 보자."

땅과 기후와 역사의 퓨전,
리옹의 미식 세계

눈 오는 밤, 알프스산맥을 넘다

어느 해 2월, 한국에서 절친한 친구가 찾아왔다. 그녀 역시 인테리어 디자이너로 일하고 있어서 우리는 많은 공감대를 형성하고 있었다. 우리는 함께 밀라노 일대의 크고 작은 가구, 소품 매장을 구경하며 며칠을 보냈다. 물론 남들에게는 놀러 다니는 것처럼 보였겠지만, 그렇다 해도 인테리어 디자이너인 우리에게는 항상 얼마간은 시장조사를 겸한 것이었다.

브레라 지역의 한 조그만 편집매장에 들렀다가 아주 마음에 드는 테이블보를 발견했다. 친구와 나는 꽤 많은 부분에서 취향이 일치해 함께 시장조사를 다닐 때면 시간 가는 줄도 모를 때가 많다. 그날도 그렇게 온종일 돌아다니다가 그 편집매장에 들어선 순간, 둘이 동시에 눈을 반짝인 것이다. 그 테이블보가 너무 맘에 들어서 당장 구매해버렸다.

추진하고 있던 프로젝트에 사용하고, 일부는 판매도 할 패브릭 제품을 찾던 차에 우리는 좀 더 다양한 제품을 찾아볼까 하고 라벨에 적힌 회사 이름을 구글에 검색해보았다. 테이블보가 만들어진 곳은 프랑스의 리옹이었다. 우리는 전화를 걸어 바로 다음 날로 약속을 잡았다. 차로 다섯 시간 정도의 거리였다. 항공편도 있긴 했지만, 급하게 잡은 약속인지라 당장 왕복 티켓을 구할 여유가 없었다.

다음 날 오전, 미팅을 하기 위해 우리는 서둘러 짐을 챙기고 잠시 밀라노에서 남은 볼일을 처리한 후 늦은 오후 몽블랑을 향해 출발했다. 출발할 때까지만 해도 아직 해가 지지 않았던 데다 겨울 날씨치고 아주 화창하기도 해서 별걱정 없이 리옹으로 향했다.

밀라노에서 리옹까지 가는 길은 지도상으로는 비교적 간단해 보이지만, 실제로는 알프스산맥을 넘어야 하는 난코스다. 토리노까지 룰루랄라 노래를 부르듯 떠난 우리는 산맥으로 접어들면서부터는 잔뜩 긴장하지 않을 수 없었다. 알프스산맥 안으로 점점 파고들어야 하는 상황인데, 어둠이 깔리면서 눈까지 흩뿌리기 시작했던 것이다. 산속으로 향하는 길에는 조명이 거의 없어서 오롯이 차의 헤드라이트에만 의지해 달려야 했는데, 흩날리는 눈 때문에 시야는 더더욱 좁아졌다. 더 불행한 일은 출발할 때는 눈이 오지 않아 생각지 못했었는데, 와이퍼의 상태가 그다지 좋지 않았던 것이다. 밀라노의 겨울은 주로 비가 오기 때문에 그럭저럭 문제가 없던 와이퍼가 눈이 내리니 말썽을 일으켰다.

나는 그야말로 공포에 휩싸인 채 창 앞에 바싹 달라붙어 운전했다. 알프스산맥을 와이퍼가 고장 난 차로 어둠과 눈보라를 헤치며 기어가다시피 관통했다. 가끔 산 저쪽 아래로 위로, 마을의 불빛이 보였지만 마을로 가는 길이 보이지 않았기 때문에 우리는 그저 계속 나아가서 어떻게든 산맥을 넘는 것 외에는 도리가 없었다. 그렇게 한참을 갔더니, 마침내 평원이 보이기 시작했다. 지대가 낮아지면서 눈도 더 이상 오지 않았다. 안도의 한숨이 절로 나왔다. 긴장이 서서히 풀릴 즈음, 눈앞에 강줄기가 펼쳐졌다. 리옹 시내에 도착한 것이었다. 알프스의 눈보라와 어둠을 뚫고 오면서 두려움에 떨던 우리는 리옹의 론강이 보이자 함께 탄성을 내질렀다. 숙소까지는 강을 따라가야 했는데, 그때 강 양측으로 서 있던 웅장한 바로크의 건물들과 강을 가로지르는 여러 개의 다리들이 조명을 받아 빛나는 모습이 더없이 아름다웠다.

미팅을 하기로 한 회사는 리옹 외곽의 전원 마을에 있어서, 우리는 리옹 시내를 그대로 지나쳐 미팅 장소에서 가까운 숙소로 향했다. 다음 날 오전 내내 미팅을 한 후, "리옹 시내에

리옹의 밤 풍경. 론강과 바로크풍의 건물이 보인다.

점심 먹을 곳 좀 추천해주세요"라고 물어보았더니 몇 군데의 식당을 알려주었다. "리옹의 전통 음식을 먹으려면 이런저런 곳에 가야 하고 이런저런 음식을 먹어야 하고…."

우리는 식당 주소 몇 개를 받아 들고 출발했지만 시내로 들어가기 직전 방향을 틀어 고속도로를 타버렸다. 전날 밤 눈 내리는 알프스에서 벌인 사투가 떠올랐기 때문이다. 해가 지기 전에 알프스를 넘기 위해서 점심을 마다하고 밀라노를 향해 달렸다.

하룻밤 잠시 스쳐 가며 야경을 보는 것에 그친 도시가 되었지만 리옹은 그 입지부터 특별했다. 리옹은 알프스산맥 너머의 평원에 있으며, 두 개의 강줄기가 모이는 아름다운 전망을 가진 도시다. 유럽 역사 하면 역시나 빼놓을 수 없는 로마의 역사가 이곳에도 있었다는데, 아마도 로마인들도 나처럼 험난한 알프스를 넘어 이곳에 도착했을 것이다. 그리고 론강과 손강의 강줄기가 만나는 이 천혜의 입지를 보고 정착하기로 마음먹은 뒤 포도나무를 심었을 것이다.

리옹에서 크리스마스 혼자 보내기

2019년 크리스마스 무렵, 바쁜 일들이 많아 미처 크리스마스를 어떻게 보낼지 계획을 세우지 못했다. 크리스마스와 연말에 어딘가 여행을 하려면 미리 비행기표를 예약했어야 했는데 아무 준비 없이 있다가 떠나려 하니 어디든 항공편이 너무 비쌌다. 별수 없이 기차나 차로 갈 수 있는 곳을 찾기 시작했다.

그때 떠오른 것이 친구와 고생하며 찾아갔던 리옹이었다. 그날의 기억 때문에, 이번에는 버스를 타고 가기로 결정했다. 크리스마스를 며칠 앞둔 어느 날 새벽, 나는 밀라노 람푼냐노 버스터미널에서 리옹행 버스에 몸을 실었다. 역시나 이번에도 알프스를 넘는 동안 눈보라가 몰아쳤지만, 다행히 리옹에 도착하자 화창한 날씨가 펼쳐졌다. 도시에 들어서자 일전에는 밤이라 제대로 보지 못한 웅장한 바로크풍 건물들의 디테일이 보였고, 유유히 흐르는 파란 강물도 볼 수 있었다. 리옹 버스터미널은 강가에 바로 접해 있어서 밖으로 나오자 강에서 불어오는 상쾌한 공기가 느껴졌다. 버스터미널은 기차역, 트램, 지하철이 모두 연결되어 있지만, 시내의 중심은 웬만하면 도보로 움직일 수 있는 정도여서 강바람을 맞으며 걸었다.

이번에 리옹에 오기 전에 특별히 염두에 둔 것은 음식이었다. 리옹은 두 번째 방문이지만 거의 처음 오는 것이나 마찬가지이므로 어떤 것을 보아야 할지 이런저런 조사를 하다가 리옹이 미식의 도시이며 '세계 미식의 수도'라는 타이틀을 가지고 있다는 걸 알게 되었다. 지난번 방문 때 식사할 곳을 물어보자 너무나도 좋아했던 방문사 관계자가 떠올랐다. 아마도 리옹의 자랑스러운 문화에 대해 소개할 호기라고 생각했을 것이다.

미식의 도시를 느껴보기 위해 테마 투어를 신청했다. 도착한 날 저녁, 구시가지인 비유 리옹에서 미식 투어를 이끄는 빈센트라는 리오네즈 가이드, 그리고 함께 투어할 다른 가족을 만났다.

비유 리옹은 르네상스 시대에 형성된 리옹의 구시가지인데, 론강과 손강 두 강줄기가 만나는 곳에 있는 언덕으로 올라가는 초입에 자리 잡은 구역이다. 이 지역은 벨쿠르 광장이 있는 도심이나 론강 가의 풍경과는 너무도 다른 분위기라서 다른 세상에 온 듯한 느낌이 들 정도였다. 강가에 늘어선 웅장한 건물들과 황량하고 넓게 펼쳐진 벨쿠르 광장을 지날 때의 탁 트인 듯한 시원한 느낌은 어느 순간 사라져버리고, 돌길이 깔린 좁은 도로 구역이 시작되었다. 분위기만으로도 리옹에서 오랜 역사를 가진 지역이라는 것을 단번에 알아차릴 수 있었다.

벨쿠르 광장 지역이 17세기 무렵에 건립되기 시작해 18세기와 19세기에 이르러 발전이 이루어진 반면, 비유 리옹 지역은 15세기 르네상스 무렵에 호황을 이루었던 곳이다. 그렇다 보니 한 도시 안에서 역사의 흐름을 한눈에 볼 수 있다. 비유 리옹에서 푸니쿨라를 타고 언덕을 올라가면 로마 시대의 극장이 나오는 걸로 보아 그야말로 도시 안에 각각 다른 시기의 역사가 숨 쉬고 있음을 알 수 있었다.

우리 일행은 이곳의 부숑 가를 함께 돌아다니며 리옹의 독특한 식재료와 식품을 구경하고 리옹만의 특징적인 식당을 방문해 음식과 와인을 맛보는 시간을 가졌다. 이 미식투어를 함께 한 세 명의 동반자는 미국 보스턴에서 온 일가족이었다. 어느 날 TV에서 리옹의 음식문화에 대한 다큐멘터리를 보고 크리스마스 휴가를 이곳에서 보내기로 결정했다고 한다. 일주일의 크리스마스 휴가를 리옹에서 보낼 예정인데, 첫날은 대략적인 지식을 좀 접해보고 싶어 투어를 신청했다는 것이다.

이날 우리가 저녁을 먹은 곳은 부숑 가의 한 식당이었다. 이 거리에서는 '부숑 리오네즈'라는 이름의 간판을 이곳저곳에서 볼 수 있다. 부숑 리오네즈는 리옹의 전통 식당을 일컫는 말인데, 리옹의 전통 음식을 만드는 곳만 이 말을 사용할 수 있다. 프랑스 음식을 머릿속에 떠올리면 늘 그렇듯 화려한 프렌치 레스토랑이나 새끼손가락만 한 양을 찔끔찔끔 갖다주는 그런 고급 레스토랑을 예상했는데, 부숑 리오네즈는 그런 곳이 아니었다. 오히려 이탈리아의 트라토리아에서 먹는 캐주얼하고 푸짐한 음식들처럼 친근하고 풍성했다.

식당은 조금은 촌스러운 분위기였는데, 빨간색과 흰색이 어우러진 식탁보, 선술집처럼 빈틈 없이 붙어 있는 식탁, 투박한 느낌의 인테리어, 천장에 매달린 햄이라든가 냄비 등 격의 없는 일상의 모습을 하고 있었다. 음식의 맛 또한 풍부했다. 패스츄리 안에 푸짐한 소시지가 들어간 빵과 수란 하나가 고스란히 담긴 샐러드가 나왔다. 다양한 살라미들은 이탈리아의 맛이었고, 돼지고기 요리는 독일풍이었으며, 버터와 와인이 어우러진 향은 파리를 떠올리게 했다. 그야말로 지중해와 내륙의 퓨전 같은 느낌이었다. 함께 마신 와인은 보졸레 지역의 와인이었는데 한국에서는 보졸레누보 와인으로 유명하다. 그리고 장미 향 가득한 프랄린과 달콤한 쿠상 데 리오네가 디저트로 나와 마지막을 장식했다.

보졸레 와인은 산뜻하고 상큼한 맛이 특징인데 레드와인이지만 산도와 과일의 풍미를 살리기 위해 화이트와인처럼 시원하게 마시는 편이 더 잘 어울린다. 심플한 와인의 맛 또한 부담 없는 분위기의 식사와 잘 어우러져서 즐겁고 활기찬 시간을 보내기에 적합했다. 보졸레는 리옹과 약 50킬로미터 떨어진, 비교적 가까운 거리에 있는 곳인데, 부르고뉴의 프리미엄 와인보다는 낮게 평가받지만 상큼한 과일 향과 청량함으로 사랑받는 대중적인 와인을 만들고 있다.

비유 리옹 지역의 한 부숑 리오네즈 선술집 같은 분위기다.

리옹은 어떻게 최고의 음식을 만들게 되었을까

비유 리옹 거리를 거닐다 보면 또 한 가지 중요한 산업을 만날 수 있다. 오래된 실크 산업이다. 음식 산업이 현재 지속적으로 성장하고 있는 산업이라면, 견직물 산업은 과거 리옹에게 큰 영광을 안겨준 산업이라고 할 수 있다.

리옹은 알프스를 넘어 이탈리아반도와 연결되는 지리적으로 중요한 위치를 차지하고 있다. 서로마가 멸망한 이후에도 신성로마제국으로부터 독립적인 지위를 유지하고 있다가 결국은 프랑스 왕국에 합병되었다. 프랑스 왕국과의 합병 이후, 리옹은 이탈리아와의 다양한 교류를 위한 정치적·지리적·상업적 역할을 지속적으로 담당하게 된다. 15세기에 이르러 프랑스 왕국은 이탈리아에서 독점하고 있던 비단의 직조권을 리옹에게 주었다. 인근 지역의 양잠 산업과 함께 리옹의 실크 산업이 이 시기부터 성장하기 시작했다. 또한 이 무렵, 이탈리아 피렌체 사람들이 대거 이동해오면서 은행업의 중심지로도 자리 잡았다. 15세기 중엽 실크 산업을 포함한 리옹의 산업 발달은 이 도시를 유럽에서 인구가 가장 밀집한 도시 중 하나로 만들었다.

리옹은 남쪽 프로방스의 지중해 식재료와 북서쪽 알자스로렌 지방의 식재료가 함께 만나는 곳이라 다양한 음식 재료를 가지고 있었다. 게다가 피렌체인들이 이동해오면서 향료가 전파되어 사용하기 시작했고, 피렌체인들의 요리 방식에도 영향을 받게 되었다.

내가 처음 리옹에 왔을 때는 몽블랑 터널을 지나 그루노블을 통해서였는데 조금 위쪽인 제네바에서 시작해서 앙시를 거쳐 오면 론강을 따라 접근하게 된다. 알프스산맥에서 발원한 론강은 리옹을 거쳐서 남쪽으로 계속 뻗어가 교황의 유수가 있었던 아비뇽, 그리고 고흐가 살았던 아를을 거쳐 지중해의 바다로 흘러나간다. 로마인들은 로마에서 프로방스를 지나 이 론강을 거슬러 올라오면서 일대에 포도나무를 심고 와인을 만들기 시작했다. 론강이 시작되는 곳에 위치한, 로마인이 씨를 뿌리고 프랑스인이 자부심으로 만들어내는 와인의 역사를 지닌 도시가 바로 리옹이다. 이 포도나무의 향연은 북쪽으로는 손강으로 연결되는데, 디종으로 가는 길목의 부르고뉴 지역과도 연결되기 때문에 부르고뉴 와인까지 함께 접할 수 있는 곳이기도 하다.

포도 생산에는 적절한 바람과 한여름의 높은 온도와 일광의 확보라는 조건이 필요한데, 이런 조건에서는 당연히 다양하고 맛있는 채소들도 생산되게 마련이다. 리옹과 파리 음식의 차이는 바로 이런 지리적·역사적 요건에서 기인한 것이다. 두 개의 강이 만나는 지형적 조건과 포도와 채소 재배에 적합한 기후 조건이 이곳에서 최고의 와인과 다양한 채소 및 과일을 맛볼 수 있는 이유다.

남부의 프로방스에서 론강을 거슬러 올라오면 되는 이 지역에서는 지중해 음식인 올리브와 해산물 같은 식재료들이 큰 영향력을 가지게 되었다. 북쪽으로는 해산물보다 내륙지방의 특성상 목축을 중심으로 하는 식문화가 발달했을 테니, 다양한 육류와 치즈 또한 수월하게 공급되었다. 이렇게 천혜의 땅에서 생산되는 품질 좋은 식자재들은 리옹이 최고의 요리를 만들어내는 데 가장 중요한 요소이다.

여기에 한 가지를 덧붙인다면, 바로 이탈리아 플로렌스 조리법의 전파라고 할 수 있을 것이다. 메디치 가문 출신인 카테리나 메디치가 교황 클레멘스 7세의 주선으로 프랑스 왕가로 시집을 오게 된다. 16세기 초반 르네상스 절정의 문화를 누리던 카테리나는 피렌체의 문화를 자연스럽게 가지고 들어왔다. 레오나르도 다 빈치와 같은 예술가들이 르네상스 시대의 문화를 북쪽의 나라로 전파한 것은 누구나 아는 일이지만, 그녀의 문화 전파는 조금 달랐다. 그녀가 전파한 문화는 바로 식생활, 의복, 피렌체의 귀족 예절 같은 라이프 스타일이었다. 특히나 그녀는 입맛을 위해 피렌체에서 요리사를 데리고 왔고, 조리법과 테이블 세팅과 코스 요리라는 이탈리아 특유의 문화를 프랑스에 퍼트려 일상적인 문화로 정착시켰다. 피렌체의 조리법과 리옹의 식자재를 이용한 음식들이 이렇게 탄생하게 된다. 리옹은 정치나 역사의 중심지는 아니었지만, 다양하고 뛰어난 식자재를 통해서 식문화의 선구적인 지역이 되었다.

일상의 밥상에서 최고의 요리로

하지만 그녀가 퍼트린 라이프 스타일은 상류층의 문화이지 리옹의 노동자층이 다 함께 즐길 수 있는 문화는 아니었을 것이다. 리옹에는 상업을 통해서 부를 축적한 부르주아와 귀족 계층이 한편에 있다면, 실크 산업에 종사하는 노동자들이 또 하나의 중요한 구성원으로 자리하고 있었다. 리옹의 요리가 다채롭게 발달할 수 있었던 이유 중 하나가 바로 이 두 계층의 문화가 공존했기 때문이다.

직조는 끊임없이 반복 작업을 해야 하는 고된 일이다. 당시의 많은 리옹 사람들이 이 직업에 종사했다. 그런 그들에게 필요한 것은 집약적인 노동 후에 즐길 수 있는 푸짐하고 맛난 음식이었을 것이다. 노동이 고되긴 했지만 산업의 호황으로 수입이 보장되어 있었던 덕에, 노동자들은 맛있는 음식으로 하루의 피로를 풀 수 있었다. 그들의 식탁에는 피렌체의 공주가 가져온 다양한 향료와 조리법, 테이블 매너 같은 건 없었겠지만, 리옹의 신토불이 식재료가 있었다. 리옹의 풍부한 식재

○

리옹 텍스타일 박물관. 리옹의 직조 산업의 역사를 알 수 있다.

료에 중산층 주부의 손맛이 가미된 음식들이었을 것이다.

프랑스에 도착한 피렌체의 조리법은 배만 채우던 일차원적인 식문화를 맛을 즐기는 것으로 바꾸며 대중에게까지 점차 영향력을 넓혀갔다. 그 중심에는 가족의 음식을 차렸던 '엄마'의 힘이 있었다. 엄마이며 아내인 그녀들은 새로운 조리법을 만들어내 정착시켰다. 리옹의 앞서가는 식문화, 독특한 식문화에 '리옹의 엄마'는 일종의 시그니처인 셈이다. 세계 최고의 미식의 나라 프랑스, 그중에서도 최고의 미식의 도시로 리옹을 창조한 것은 바로 엄마의 손맛이었다.

리옹의 음식을 맛보기 위해 꼭 가보아야 할 곳이 있는데 바로 '폴 보퀴즈 시장'이다. 폴 보퀴즈(Paul Bocuse)는 리옹 출신의 셰프로 프랑스 요리계의 전설이라고 할 수 있다. 요리계의 교황이라 불리기도 한다.

폴 보퀴즈 시장은 현재는 리노베이션을 통해서 현대적인 건물 안에 있다. 전통 마켓의 북적북적하고 생동감 있는 모습을 예상했는데, 백화점 같은 실내 마켓이라 들어가는 입구에서 좀 의아하기는 했다. 그런데 들어가보니 그야말로 식품들의 별천지였다. 다양한 채소, 과일, 생선과 고기, 치즈 등 없는 식자재가 없었다. 소, 염소 등에서 얻은 다양한 유류로 발효 방식은 물론, 숙성 연도까지 전부 제각각인 치즈를 만들어내는데, 이곳의 치즈 코너는 백과사전을 펼쳐보는 것과 같은 느낌

○

폴 보퀴즈 시장의 다양한 식자재는
리옹의 천혜의 환경에서부터 시작되었다.

이었다. 마르세유에서 올라온 해산물은 물론이고 내륙과 알프스에서 얻는 다양한 육류들이 다 모여 있어서 무슨 요리를 할까 정하지 않고 들르면 분명 하루 종일 고민하게 될 정도였다.

시장에서는 조리된 음식들도 판매한다. 여러 가지 식자재로 다양하게 조리한 음식들을 테이크아웃할 수 있다. 메뉴 선택이 어려울 만큼 종류가 다양해, 음식들을 보는 것만으로도 저절로 행복해진다. 물론 음식을 구매해 시장 안에서 바로 먹을 수도 있다. 시장은 현대적으로 꾸며져 있지만, 여전히 떠들썩하고 활기가 넘친다. 몇 가지 음식을 골라 와인과 함께 즐기는 사람들도 많이 보였다.

폴 보퀴즈 시장 이외에도 최근에 '국제미식센터'가 오픈했는데, 리옹 음식의 역사는 물론, 식문화에 대한 이해를 위한 많은 전시들이 이루어지고 있다. 리옹이라는 도시가 음식으로 인해 갖게 된 명성을 도시 고유의 이미지로 만들어나가는 과정이 무엇보다 흥미로웠다. 음식이란 단순히 먹는 것이 아니라 삶을 유지하는 근원이며 가장 기본적인 본능을 충족시키는 대상이다. 그런 음식을 지상 최고의 문화로 성장시켜나가는 리옹 사람들의 자부심이 그곳에 있었다.

전통이라는 것을 이야기할 때면, 가끔 어디부터가 전통이고 무엇이 전통이 아닌지 혼란스러울 때가 있다. 하지만 리옹이 만들어낸 전통 음식의 역사를 두고 이야기하다 보면 어디부터가 전통인가를 구분하는 것은 별 의미가 없을 것 같다는 생각이 든다. 리옹이라는 지역이 갖는 특성, 역사적인 특수성, 기후의 차별성이 지역 사람들의 문화와 복합적으로 섞여들며 만들어진 것이 리옹의 음식이다. 내가 리옹에서 맛본 것은 한 잔의 와인과 한 조각의 고깃덩어리가 아니었다. 이 모든 요소들을 모아서 만든 최고의 퓨전 음식이었다.

리옹의 국제미식센터. 숟가락 형태의 구조물이 상징적이다.

France
4

남프랑스에서 고흐의 눈으로
바라본 태양

남프랑스에서 한 달 살기

2014년 8월이 되자 여느 해처럼 사무실 전체가 본격적인 한 달 휴가에 들어갔다. 나는 휴가가 시작되는 첫날, 한 달 동안 살 수 있는 짐과 컴퓨터를 챙겨서 차에 싣고 남프랑스로 출발했다. 가벼운 여름옷들은 그다지 큰 짐이 되지 않았으므로, 나는 마음도 몸도 가볍게 집을 나섰다.

밀라노에서 출발해 제노바를 향해 내려가다가, 리구리아 해안을 타고 올라가면 이탈리아와 프랑스의 국경 벤티밀리아라는 곳에 도착한다. 이 리구리아 지역은 남쪽으로는 지중해가, 북쪽으로는 산들이 형성되어 있는데, 해안도로를 지나 이탈리아와 프랑스의 국경에 가까워지면 알프스산맥의 영향으로 꽤 험한 산세가 펼쳐진다. 커브 길을 돌고 돌아서 프랑스의 국경을 넘으면 코타쥐르의 바다가 펼쳐진다. 이렇게 이탈리아의 리구리아 해안과 프랑스의 코타쥐르 해안을 거치며 지중해 바다를 끝도 없이 바라보다 보면 어느새 마르세유에 도착하게 된다. 여기서 다시 내륙으로 한참을 달리면 눈앞에 삼각형의 뿔과 같은 산 하나가 나타난다. 이 산이 내려다보는 도시가 바로 나의 목적지 엑상프로방스이다.

나는 엑상프로방스의 한 아파트에 짐을 풀고 한 달간의 여름살이를 시작했다. 낭만적인 전원주택도, 바다를 향한 바캉스용 주택도 아닌 도시의 조그마한 스튜디오 아파트였지만 한 달간 지내기에는 부족함이 없는 곳이었다. 조금만 달리면 마르세유의 대도시가 나오고, 또 조금만 달리면 라 시오타의 아름다운 바다가 펼쳐진다. 근처 곳곳에 남아 있는 아름다운 소도시들과 포도밭의 풍경을 즐기기엔 나무랄 데 없었다. 도착한 다음 날, 나는 엑상프로방스의 명물인 장에 가서 수없이 많은 종류의 올리브와 치즈를 맛보고 몇 가지 음식을 사와 냉장고에 넣어둔 다음, 차를 몰고 나갔다.

햇살 아래 올리브와 포도가 영글고 있는 들판과 구릉지를 무작정 달려보았다. 곳곳에 높이 솟아 있는 사이프러스를 보며 전원의 아름다움을 만끽하다가 한 와인 창고에 들어갔다. 몇 가지 와인을 맛보고 나서 한 달간 마실 로제 와인 두 상자를 차에 싣고 집으로 돌아왔다. 이렇게 나의 남프랑스 생활

○

엑상프로방스 명물인 노천 마켓. 다양한 지중해의 음식을 맛볼 수 있다.

이 시작되었다.

　　남프랑스의 8월 햇살은 너무나도 뜨겁다. 아침이 밝았나 싶으면 이미 해가 정상에 떠올라 내리쬐기 시작하는데, 이탈리아의 햇살과는 또 다른 느낌의 색상이었다. 이탈리아의 햇살은 색상이 지나치게 선명해서 타는 듯한 느낌이 있다. 특히 남부 이탈리아의 여름은 모든 것이 너무나도 선명해서 어디 숨을 곳 하나 없이 세상을 적나라하게 보여주는 그런 느낌이 든다.

　　반면 남프랑스의 햇빛은 타는 듯한 긴장감이 없었다. 태양은 머리 위에서 강렬하게 빛나고 있었지만, 공기의 필터 작용 같은 그런 느낌이 들었다. 사물의 입자를 파헤치지 않고 적당히 덮어주는 부드러움이랄까. 사람의 얼굴로 표현하자면 얼굴의 윤곽과 피부를 맑고 선명하게 비쳐주면서도 일상의 잡티 정도는 살짝 숨겨주는 그런 센스를 가진 너그럽고 낭만적인 빛이었다.

　　사람들은 이런 호의적인 태양과 맞설 필요가 없었다. 뜨거운 태양이지만 두려워하지 않고 쳐다볼 수 있었다. 그래서 수많은 화가들이 남프랑스의 태양과 공기를 그려온 것이 아닌가 하는 생각이 들었다. 나에게도 그런 빛을 표현할 재능이 있었더라면 아마 그 한 달 내내 붓을 손에 들었을지도 모른다.

　　내가 머물렀던 엑상프로방스는 세잔의 도시로 알려져 있

다. 세잔은 엑상프로방스에서 태어나 평생 그곳에서 살며 그림을 그렸고 남프랑스의 빛을 사물에 투영시켰다. 그는 남프랑스의 햇살이 그의 기하학적이고 구조적인 정물에 어떤 각도로 쏟아지는지 잘 알고 있었다. 그는 새로운 구도로 그 빛에 싸인 정물을 표현했다. 엑상프로방스 곳곳에 그의 행적과 자취가 남아 있어서, 세잔이 없는 엑상프로방스는 감히 생각조차 할 수 없을 정도다.

하지만 내가 이번 여행에서 찾기로 작심한 것은 고흐의 흔적이었다. 세잔이 남프랑스의 환경에서 자라 남프랑스의 빛과 평생을 함께한 사람이었다면, 고흐는 남프랑스에 이방인으로 들어와 그의 삶을 뒤흔들어버린 이곳만의 빛을 발견한 사람이었다. 나는 한 사람의 삶을 뒤흔들어 명작을 남기게 한 남프랑스의 햇살을 만끽했다. 위대한 명작을 탄생시킨 그 햇살이 너무나 고마우면서도, 고흐의 고단했던 삶을 떠올리면 또 한편으로는 야속했다.

아를에서 고흐의 발자취를 따라가다

〜

나는 고흐의 '밤의 카페'를 보기 위해 아를로 향했다. 이곳에는 노란색 벽과 푸른 밤이 너무나도 인상적인 고흐의 대표작 〈밤의 카페 테라스〉 속의 바로 그 카페가 그대로 남아 있다. 그의 그림을 사랑하는 사람들이 그림 속의 풍경을 실제로 보고 싶어서 많이 찾는 곳이다. 나 또한 그 카페에 앉아보려는 꿈에 부풀어 아를로 출발했다. 아를은 엑상프로방스에서 서쪽으로 한 시간 정도 차를 달리면 도착한다. 도시 자체도 로마 시대의 유적지가 그대로 남아 있는 유서 깊은 도시이지만, 지금은 고흐를 찾는 사람들이 많이 방문하는 도시가 되었다. 그날 엑상프로방스에서 아를까지 차를 달리며 숱하게 바라본 높고 낮은 구릉들, 그리고 가끔 지나가는 구름의 그림자들을 통해 네덜란드인 고흐가 이곳 남프랑스에서 운명처럼 맞이했던 신세계를 내가 목격하고 있음을 깨달았다.

고흐의 발자취를 찾아서 아를의 이곳저곳을 다녀보았다. 그의 '노란 집'은 흔적이 없었지만, 〈론강의 별이 빛나는 밤〉을 떠올리며 강을 바라보고, 또 그도 가끔 이렇게 걸어보지 않았을까 상상하며 강가를 이리저리 거닐었다. 하루 일정의 짧은 여행이라, 그가 표현한 밤의 풍경까지는 보지 못했다. 하지만 그의 그림만으로도 설명은 충분했다.

나는 그의 카페로 향했다. 그 깊고 푸른 밤의 하늘은 어둡지만 절망적이지 않았을 테고, 강에 번진 노란 조명은 이 아를이라는 도시가 선사한 희망이었을 것이다. 실제로 그는 이곳 아를에 와서 그의 빛을 찾아가고 있다는 사실에 굉장히 고무되었다고 한다.

내가 독일의 쾰른에서 일했던 시절, 그곳에서 두 시간 정도면 도착할 수 있는 네덜란드 아른험의 호에 벨루에 공원에 간 적이 있었다. 이 공원은 걸어 다니기에는 규모가 너무 커서 입구에서 자전거를 빌렸다. 자전거로 공원을 가로지르다 보면 그 가운데 크뢸러 뮐러 미술관이 나온다. 이 미술관을 방문한 것이 아마도 초여름이었던 것 같은데, 하늘엔 구름이 잔뜩 덮여 있었고, 벌판은 마치 황무지처럼 메말라 있었다. 낮게 드리운 구름 아래 황량한 벌판을 페달을 밟아 지나가면서 비가 오지 않기를 마음속으로 열심히 기도했다. 그런 하늘에서는 언제든지 비가 내릴 것만 같았기 때문이었다.

크뢸러 뮐러 미술관은 드넓은 공원 안에 자리하고 있어서 공원의 공간을 이용한 야외 조각상의 다양한 컬렉션으로도 유명하다. 하지만 역시 고흐의 〈밤의 카페 테라스〉가 전시된 곳으로 대중에게는 더 알려져 있다. 나 또한 〈밤의 카페 테라스〉를 보기 위해 그곳을 일부러 찾아갔으니 말이다. 고흐의 작품을 순례하고자 하는 사람들에게는 빼놓을 수 없는 코스 중 하나다. 바로 이곳에서 나는 아를 시절의 걸작을 실제로 보았다.

크뢸러 뮐러 미술관에는 이 외에도 다양한 초기 작품들이 꽤 많이 전시되어 있어서 고흐의 작품이 어떻게 변화해왔는지 이해하는 데 큰 도움을 준다. 고흐의 초기 대표작인 〈감자 먹는 사람들〉은 암스테르담의 고흐 미술관에 있는데, 그 당시

ㅇ

네덜란드 아른험의 호에 벨루에 공원

의 투박한 생활상을 그대로 볼 수 있다는 데 의미가 있다. 이후의 그림들과는 대조적이라 더 관심을 불러일으키는 작품이다. 화가의 삶과 함께 화풍이 변하는 것은 어찌 보면 당연한 것일 수 있다. 후세의 사람들은 변화된 화풍을 통해서 그의 삶을 거꾸로 추적해볼 수도 있다.

고흐의 초기 작품들은 〈감자 먹는 사람들〉보다도 더 거칠고 정제되지 않은 투박함을 가지고 있다. 고흐가 체계 있고 전문적인 훈련을 통해서 그림을 그린 사람이 아니라는 것은 세상에 잘 알려져 있는 사실이다. 이곳의 초기 그림들은 그가 어떻게 홀로 화가로서 훈련해왔을지 가늠하게 해준다. 그 그림들에는 기교가 없고 거친 표현들이 남아 있어, 열정만 가득했던 그의 모습이 느껴지는 듯하다. 그리고 〈감자 먹는 사람들〉에서처럼 암울하고 어둡게 짓눌린 색들을 보며, 고흐라는 인물이 살았던 곳의 환경과 공기를 느낄 수 있었다. 위도 52도의 네덜란드에서 그의 눈으로 보았던 세상은 그런 빛이 아니었을까. 햇빛이 머리 위에서 곧바로 내리쬐는 상황이 거의 드문 고위도의 나라에서 그가 본 세상. 그 세상은 내가 페달을 밟아 공원을 달리던 그날처럼 낮게 드리운 어두운 하늘과 황량한 들판의 모습을 하고 있었을 것이다.

네덜란드와 벨기에에서의 삶을 접고, 그는 파리로 옮겨왔다. 파리로 와서 그는 어떤 세상을 보았을까. 그 당시 파리에서는 이미 새로운 인상주의의 사조가 펼쳐지고 있었다. 분명 네덜란드와는 다른 세계를 느꼈을 것이다. 그는 그 시기 파리 인상파 화가들의 영향을 받아 점묘법 화풍의 그림을 시도하였고, 당시 프랑스 인상파의 화풍에 큰 영향을 미친 우키요에의 선명한 컬러감을 자신의 작품에 담기 시작했다.

이전에 그가 영향을 받은 네덜란드의 거장 렘브란트의 그림에도 빛과 어둠이 있었다. 하지만 렘브란트의 그림 속 어둠은 너무도 어둡고, 빛은 태양과 같이 광대한 빛이 아니어서 고흐가 사랑하는 자연을 밝혀줄 수 없었다. 고흐의 영원한 우상 밀레의 그림은 아름다운 자연과 인간의 서정이 있었지만, 너무나도 아련한 빛이라 고흐가 원하는 만큼 세상을 선명하게 보여주지 못했다. 그의 조국 네덜란드와 고작 위도 4도 차이나는 파리에서 그는 그곳 화풍의 영향을 받아 새로운 시도를 해보았으나, 그 자신만의 색과 빛을 찾기엔 여전히 부족함을 느꼈던 것 같다. 그는 파리에서 남프랑스로 거처를 옮겼고, 이곳 아를에서 비로소 그의 세상을 발견했다. 그것은 타인의 화풍이나 시대적인 흐름을 따라가는 것이 아니라, 쏟아지는 남프랑스의 태양 아래 스스로 발견한 자신만의 세상이었다.

아를의 '밤의 카페'는 현재는 '반 고흐 카페'라는 이름으로 운영되고 있다. 많은 사람들이 이 카페에 앉아 차를 마시고 식사를 하고 노란 담벼락을 배경으로 사진을 찍곤 한다. 마치 고흐의 그림 속에 앉아 있는 것인 양 상상하면서 말이다. 그는 그 밤의 카페에서 칠흑같이 어두운 밤을 발견한 것이 아니라 마음속의 깊은 평화를 찾았을지도 모른다는 생각을 해보았다. 그가 아를의 빛 속에서 찾아낸 노란색이 벽면을 메운 곳에서 그는 인생의 빛과 색상을 발견했다. 마음속은 언제나 폭풍이 불고 있었을지도 모르는 불안한 정신의 소유자였지만, 그림 속 아를의 밤은 푸르게 세상을 감싸고 있었다. 〈밤의 카페 테라스〉에 나타나는 남색과 노란색의 대조를 보며, 그가 인생의 화풍을 찾아낸 이 아를 시절이 그에겐 꽤 행복한 때가 아니었을까 상상해보았다.

현재 아를에는 고흐 재단이라는 미술관이 있는데, 이 〈밤의 카페 테라스〉를 보기 위해, 그리고 고흐의 아를에서의 삶에 대해 궁금증을 가진 사람들이 꼭 방문하는 장소 중 하나다. 사실 유명한 고흐의 작품들은 여기저기 중요한 미술관에 흩어져 있는 터라 정작 이곳에서는 많은 작품을 볼 수 없다. 하지만 아를의 반 고흐 재단의 중요성은, 단 일 년이었지만 고흐의 화풍에 가장 큰 영향을 준 곳으로서의 상징성에 있다. 아를이라는 이 남프랑스의 시골 마을까지 고흐의 흔적을 찾아오는 사람들과 그의 삶을 함께 기리고 기억한다는 의미를 품고 있는 것이다.

○

아를의 반 고흐 카페. 고흐의 〈밤의 카페 테라스〉의 배경이 되는 곳이다.

목격하고 싶지 않았던 고흐의 슬픈 시간들

아를에 다녀온 며칠 후, 나는 고흐의 또 다른 흔적을 찾아 다른 마을로 출발했다. 고흐는 일 년여의 생활을 끝으로 아를을 떠났다. 이미 정신병원 치료를 받으며 쇠약해질 대로 쇠약해진 심신으로 겨우 살아가던 고흐는 결국 고갱과 다툰 후에 자신의 귀를 자르고 절망에 빠지고 만다.

그는 생 레미 드 프로방스의 생 폴 드 무솔 요양원에 들어갔다. 나도 그의 발자취를 좇아서 생 레미 드 프로방스로 향했다. 아를이 론강 유역의 평원에 있는 비교적 도시의 느낌이 강한 곳이라면, 아를에서 아비뇽으로 가는 길목에 위치한 생 레미 드 프로방스는 알피산을 남쪽으로 두고 있는 마을이라 좀 더 전원의 느낌이 나는 곳이다. 나는 엑상프로방스에서 이 산길을 둘러 생 레미 드 프로방스에 도착했다. 지리적인 이유 때문인지, 아를보다 좀 더 자연과 바람의 움직임이 피부에 와 닿는 그런 마을이었다. 사방에 올리브나무들이 펼쳐져 있었고, 프로방스 특유의 라벤더 밭도 곳곳에서 볼 수 있었다. 그리고 키가 낮은 올리브나무와 키가 높은 사이프러스가 곳곳에서 햇살을 받고 있었다.

내가 생 레미 드 프로방스를 방문했던 날은 우연히도 마을에 페스티벌이 있었다. 전통 의상을 입은 마을 사람들이 온 마을을 돌면서 퍼레이드를 했다. 말과 당나귀들이 끄는 마차와 남녀노소 할 것 없이 모든 연령대의 사람들이 참여했다. 한없이 맑은 남프랑스의 하늘 아래, 8월이지만 비교적 서늘하고 건조한 바람이 부는 이 마을에서 나는 한껏 즐거운 축제 분위기에 휩쓸렸다. 이렇게 가장행렬을 보며 웃고 즐기다가 어느새 그들이 전부 떠나자 홀로 거리에 남겨졌다. 갑자기 급작스러운 고요함이 밀려와 축제의 마법을 깨트렸다. 나는 그제야 마을 외곽으로 발걸음을 돌렸다.

고흐가 머물렀던 요양원은 마을 외곽에 위치해 있다. 마을의 중심지를 벗어나면 작은 집들이 나타나고, 풀밭과 오래되고 낡은 마을의 담들이 보인다. 생 폴 드 무솔 요양원까지 가는 길에는 고흐의 발자취를 찾아오는 사람들을 위한 이정표가 있는데, 고흐가 그림을 그린 포인트들에 표시가 되어 있다. 각각의 포인트에 도착해서 잠시 이정표에 있는 그림과 실제의 풍경을 비교해보곤 한다. 아, 고흐가 여기서 이 그림을 그렸구나! 그렇게 그의 발자취를 거슬러가게 된다.

그리고 그 끝에서 요양원을 만났다. 마을에서 꽤 걸어야 닿는 거리였다. 천천히 걸어갔지만, 이내 숨이 막혔다. 거리가 너무 멀거나 험해서가 아니었다. 그저 그 길을 걸었을 한 외로운 인생을 생각하니 감정이 벅차올라 숨이 막히도록 가슴이 먹먹했다. 요양원 문 안으로 들어서자, 한여름 푸르름이 가득

○

생 폴 드 무솔 요양원으로 가는 길에 만나게 되는
고흐의 그림 속 장소에 대한 이정표

생 폴 드 무솔 요양원 입구에 있는 고흐의 동상

한 정원에 한 남자가 누군가를 기다리듯 마르고 긴 목을 쑥 내밀고 서 있었다. 그의 손에는 해바라기 한 다발이 들려 있었다. 그는 바로 빈센트 반 고흐, 세상에서 가장 불운한 삶을 살다 간 화가였다. 나는 갑자기 다리가 풀리는 듯한 느낌이 들었다. 요양원에서 그가 머물렀던 병실과 모든 시설들을 둘러볼 수 있는 티켓을 구매하면서, 나는 잠시 망설였다. 나는 무슨 권리로 이 불행한 남자의 지나간 삶을 엿보려 하는 것일까? 우리는 무슨 권리로 이 표를 사고파는 것일까?

요양원의 정원을 지나 회랑을 걸었다. 모든 것이 그의 그림 속에서 보았던 장면이었다. 이곳 생 레미 드 프로방스에서 그는 맹렬하게 그림을 그렸다. 요양원 안팎으로 보이는 모든 것들이 그의 작품으로 표현되었다. 그리고 자신이 머물렀던 작은 방까지 화폭에 담았다. 나는 그가 머물렀던 시절을 그대로 재현해놓은 방을 조심스레 들여다보았다. 그 순간, 나는 누군가의 슬픈 삶을 목격하러 온 것 같은 죄책감이 들었다. 그 방에서 퍼즐 맞추기 하듯 그림 속의 장면을 하나하나 뜯어볼 수도 있었겠지만 차마 그럴 수 없었다.

가슴속 죄책감을 외면하고 싶은 마음에 뒷마당으로 나갔다. 나는 그곳에서 라벤더가 펼쳐진 정원을 보며 슬픔을 억누르고 마음을 가라앉혔다. 라벤더가 한창인 계절은 이미 지난 터라 보라색의 선명한 컬러는 볼 수 없었지만, 그의 그림을 떠올리

○

생 폴 드 무솔 요양원 후원의 라벤더 밭

며 그가 이곳에서 이렇게 서 있었었겠지, 하고 상상해볼 수는 있었다.

생 레미 드 프로방스를 떠나며 울다

누군가의 삶을 추적한다는 것은 두려운 일이다. 더욱이 한 인생의 슬픔을 구경하듯 바라본다는 것은 너무나 잔인한 일이다. 요양원 주변을 돌아보니 올리브나무들이 가득했다. 올리브 나뭇잎 특유의 앞뒤가 살짝 다른 컬러 때문에 바람이 스쳐 지날 때마다 나무는 가볍게 채도를 바꾸며 흔들렸다. 올리브나무의 뒤틀린 가지들이 그의 고통을 표현하는 듯 내 마음에서도 온통 아우성이었다.

아를에서 고흐가 그렸던 〈밤의 카페 테라스〉나 〈론강의 별이 빛나는 밤〉과 비교했을 때 이곳에서 그의 마음이 더 쇠잔해 있었음이 느껴졌다. 그는 아를에서의 선명한 빛과 어둠의 표현보다 훨씬 채도가 낮은 그림들을 그렸는데, 아마도 그의 마음이 반영된 것이었을 테다. 물론 생 레미 드 프로방스의 서늘한 공기도 영향을 미쳤을 것이다.

하늘도, 구름도 소용돌이치고 있었다. 올리브나무와 사이프러스나무의 가지도 모두 소용돌이쳤다. 그렇게 그의 그림 속에서 꿈틀거리며 살아 있었다. 이 시기에 143점의 유화와

생 폴 드 무솔 요양원 입구의 올리브나무 숲

100여 점의 스케치를 그렸다고 하니, 그가 본 생 레미 드 프로방스의 모든 것들이 그림 속에 담겼다고 해도 과언이 아닐 것이다.

네덜란드인 빈센트 반 고흐. 그가 태어나고 살아온 네덜란드는 어둠의 시간이 빛의 시간보다 더 긴 북쪽 나라였다. 아를에서 그는 태양이 얼마나 아름답게 빛나는지 보았고, 그 태양 아래서 살아 움직이는 사물의 빛과 어둠을 보았다. 그 색의 입자를 보았다. 쇠약한 영혼을 가지고 정신병원을 떠도는 삶을 살아야 했지만, 그는 결코 자기 눈에 보이는 남프랑스의 하늘과 공기와 빛을 그리기를 포기하지 않았다. 아를과 생 레미 드 프로방스에서의 그의 삶은 살아서 행복하지 못했던 사내 고흐를, 죽은 후 찬란하게 만들어주었다.

생 폴 드 무솔 요양원을 떠나면서 뒤도 돌아보지 않고 그대로 엑상프로방스로 향했다. 누군가를 끝없이 기다리던 고흐는 아직도 그곳에서 마른 몸으로 해바라기를 들고 서 있을 것이다. 그가 생을 마감한 마을 오베르 쉬르 와즈로 떠났을 때도, 그는 여전히 이곳 남프랑스에 영혼을 남겨두었을 것이다.

그와의 만남을 뒤로하고 엑상프로방스로 돌아오면서 창밖으로 보이는 고흐가 사랑했던 이곳 풍경을 그림 보듯이 하나하나 눈에 담았다. 사이프러스나무가 지나가고, 올리브나무밭이 펼쳐지고, 라벤더 벌판이 하나씩 스쳐가면서 그 순간순간이 그의 그림처럼 나타났다 사라지곤 했다. 한여름 늦은 오후의 햇살은 여전히 빛나서 운전하는 시야를 방해했다. 선글라스를 끼고 쏟아지는 햇살을 차단하고 나서야, 비로소 참았던 눈물이 가슴에서부터 치솟아 흘렀다.

England

3

영
국

브렉시트, 육지와 작별한 섬나라

England
1

프랑스와 영국의 거리가 고작 34킬로미터?

런던에서 한 시간 반 정도 되는 거리를 차로 달려 도버에 도착하면, 도버항에 배들이 드나드는 모습을 볼 수 있다. 이 도버항은 유럽대륙과 런던을 연결하는 중요한 항구다. 유럽대륙에서 영국으로 자동차 여행을 가면, 통상 프랑스의 칼레 항구에서 배에 차를 싣고 바다를 건너는데, 이때 배가 도착하는 항구가 바로 도버항이다. 여기서부터 좌측 운전이 아닌 우측 운전이 시작된다. 바다 하나를 건너 섬에 도착하면 좌우가 바뀐 새로운 생활이 시작되는 것이다. 아무 거리낌 없이 대륙을 다니다가도, 이 섬나라에 도착하면 새로운 규율에 잠시 길드는 작업이 필요하다. 섬이란 그런 곳이다.

프랑스와 영국 간을 이동하는 방법 중에는 기차를 이용

하는 방식도 있다. 1994년 프랑스와 영국을 가르는 해저에 터널을 만들어 파리와 런던 간의 이동거리를 세 시간으로 단축한 역사적인 토목 프로젝트가 완성되었다. 이 터널에 의해 영국은 또다시 유럽대륙과 가까워졌다. 이 터널이 가로지른 것이 바로 도버해협이다. 영국과 프랑스 간의 최단 거리 구간인 칼레와 도버를 연결한 이 터널은 해저 부분의 길이가 37.9킬로미터밖에 안 된다. 영국과 프랑스의 거리, 다시 표현하자면 영국과 유럽대륙의 거리는 바다가 앞에 있을 뿐, 사실은 서울과 인천 정도의 거리에 지나지 않는 것이다.

이렇게 가까운 거리 덕에 도버해협은 바다를 횡단하고자 하는 수영선수들에게는 인생의 도전 과제로 여겨진다. 우리나라에서도 조오련 선수가 대한해협에 이어 도전했던 바다가 바로 이 도버해협이었다. 조오련 선수는 34킬로미터의 도버해협을 아홉 시간 삼십오 분에 걸쳐 횡단했다. 날이 좋은 날은 도버에서 프랑스가 보인다고도 하고, 맑은 날 밤이면 프랑스의 불빛이 보인다고도 하니 그 거리감이 어느 정도인지 이해가 간다. 패기 넘치는 젊은 수영선수 조오련이 도전해볼 법한 거리였을 것이다.

윈스턴 처칠은 "카이사르가 도버해협을 건넜을 때 대영제국의 역사는 시작되었다"고 평가했다. 처칠의 말은 어떻게 생각해보면 주객이 전도된 것처럼 느껴진다. 로마가 영국 땅을

○

도버항의 모습. 영국과 유럽대륙을 연결하는 대표적인 항구다.

개척해서 로마의 식민지를 넓힌 과정인데, 어떻게 영국의 확장 시기인 대영제국의 시작이라고 평했을까? 침범, 침략의 의미로 보면 물론 어색한 언급일 수도 있으나, 문화적인 측면에서 보면 이 시기 로마의 율리우스 카이사르에 의해 브리타니아에 문화가 시작되었고, 그 문화를 받아들여 성장한 영국인들이 세계를 제패하러 나아갔으니, 카이사르의 브리타니아 진출이 대영제국의 불씨가 된 건 분명하다. 도버는 이렇게 영국이라는 나라에 역사적으로 어마어마한 역할을 한 지역인 셈이다.

영국이 대륙과 하나였던 오래된 기억

이 도버에 유명한 곳이 또 하나 있다. 바로 화이트 클리프이다. 바닷가를 따라 산책로를 올라가다 보면 지형이 마치 두부 자르듯 잘려나간 곳이 나타난다. 깎아지른 절벽 위에 푸른 잔디밭이 펼쳐져 있어서 초록의 평원과 흰색의 절벽이 어우러지는 절경은 낭만적이기도 하고 뭔가 아련한 느낌도 준다. 영국의 남쪽 해안가에는 관광지로도 유명한 세븐시스터즈라는 절벽이 있는데, 이곳도 하얀 절벽이 자아내는 풍경이 유명한 곳이다. 잘려나간 절벽의 모습만 봐도 영국 섬의 남쪽 해안 부분이 석회암 지층으로 이루어져 있음을 유추할 수 있다.

나는 어느 늦은 여름, 런던에 왔다가 당일 코스로 도버의 화이트 클리프를 찾았다. 많은 사람들이 산책 코스 또는 피크닉 장소로 이곳을 찾은 모습들이 눈에 띄었는데 시원한 절벽에서 망망대해의 바다를 바라보는 그 느낌은 인생의 아름다운 추억으로 삼기에 손색이 없었다. 사실 바다의 저편에서 언덕을 보는 코스가 아니므로 산책로의 처음 구간에서는 잘려나간 흰 면이 쉽게 보이지 않는다. 코스의 첫부분에는 마을을 지나 나무로 둘러싸인 구간을 올라가는데, 영국의 9월 날씨로는 믿기지 않을 만큼 좋은 날이었다. 탁 트인 푸른 하늘과 바다가 번갈아 보이는 고도에 이르기 전까지는 무더운 날씨에 땀을 쏟아내며 올라갔던 기억이 난다.

한참을 힘들게 올라가다가 고도가 어느 정도 높아지면 드디어 바다가 보인다. 푸른 바다가 눈앞에 펼쳐지면 더위는 이내 잊게 된다. 이제부터 발밑은 절벽이다. 멀리 푸른 바다가 보이고 발밑엔 끝없이 푸른 초원이 펼쳐진 대지 위를 걸어가노라면 하늘에 떠 있는 초록 양탄자를 밟고 서 있는 듯한 기분이 든다. 저 멀리 대지가 깎아지른 듯이 끝나는 곳은 장애물 없이 하늘과 이어져 있다. 조심조심 이 양탄자의 끝으로 다가가면 내가 발 디딘 곳이 하늘에 떠 있는 것이 아니라 하얀 절벽 위라는 걸 실감할 수 있다.

너무나 신기한 것은 인위적으로 깎은 듯이 형성된 이 절벽에 난간 하나 없다는 사실이다. 난간이 없으므로 나처럼 고

소공포증이 있는 사람에게는 그 끝에 다가가는 것이 여간 현기증 나는 일이 아니다. 절벽의 끝, 푸른 융단이 끝나는 지점은 석회암의 하얀 절벽이라서 곧장 바다로 떨어진다. 이 고운 석회암의 절벽은 작은 자극에도 쉽게 부서지는 돌로 되어 있어, 하얀 돌가루들이 발밑에서 날린다.

나는 자연이 만들어낸 이 거대하고도 신비한 절벽 위에서 저 멀리 바다를 바라보았다. 발밑으로 느껴지는 추락의 공포에도 불구하고 망망대해의 푸른 바다를 보며 느닷없는 호기심이 생겼다. 바다의 끝에 또 다른 세계가 있지 않을까 하는 호기심은 아마도 원시시대부터 있었을 것이다.

영국의 항해왕이자 태생이 섬사람이었던 제임스 쿡(James Cook)은 바닷길을 돌아다니며 전 세계 구석구석을 누볐다. 제임스 쿡에게는 대륙도 그저 큰 섬에 불과했을지 모른다. 바다를 길 삼아 끝없는 여행을 했던 그에게 바다는 육지가 끝나는 곳이 아니라 육지를 연결해주는 커다란 길이었던 것 같다. 그가 바다를 길 삼아 다니기 이전, 그는 그 길의 끝에서 열리는 세상들을 동경하는 꿈 많은 소년이었겠구나, 하는 생각이 든다.

비슷한 절벽이 유럽에 또 있는데, 바로 프랑스 노르망디 해안의 에트레타라는 곳이다. 제임스 쿡이 전 세계를 항해한 것에 비하면 '엎어지면 코 닿을' 지척에 노르망디 해안이 있다. 보통 파리에 여행 오면 많이들 들르곤 하는 장소 중 하나가

○

도버의 화이트 클리프

몽셀미셸인데, 이곳에서 수 킬로미터의 거리에 있는 에트레타는 코끼리 형태의 절벽으로 유명하다. 모래사장 끝의 바다에 깊숙이 꽂혀 있는 이 높고 하얀 절벽은 거대한 코끼리가 바다 위에 서 있는 듯한 모습을 하고 있다. 이 코끼리 등 위에 푸른 초원이 펼쳐져 있어 도버의 절벽과 흡사한 느낌을 자아낸다. 이쯤 되면 방대한 지식을 끌어모으지 않더라도, 영국의 남부 해안과 프랑스의 노르망디가 과거 하나의 땅으로 연결되어 있었겠구나, 추측해볼 수 있다.

카이사르가 대륙과 섬을 연결했다고, 제임스 쿡이 연결했다고, 또는 유로스타 터널이 연결했다고 믿었는데 사실상 대륙과 섬은 인간이 연결한 것이 아니라 애초에 하나로 존재했던 것이었다. 영국이 유럽대륙과 분리된 것은 마지막 빙하기가 끝나는 약 1만 년 전의 일이라 하니, 한때 하나였노라고 말하기에도 까마득한 옛일이기는 하다. 오로지 지질학적인 증거만 남아 있는 과거다. 우리는 기억하지 못해도, 따지고 들면 사실상 대자연이야말로 최초의 브렉시트를 이끌어낸 장본인이었던 셈이다.

영국의 두 번째 육지 탈출 감행

인간이 땅의 주인인 양 행세하면서, 한때 영국은 육지로 돌아갈 뻔했다. 발단은 1993년 마스트리히트 조약이었다. 단한 번의 빗물로 바위가 갈라지지 않듯이, 오랜 논의와 험난한 과정을 거쳐 영국을 포함한 유럽연합이 출발하게 되었다. 그 상징적인 일보가 바로 마스트리히트 조약이었다. 이 조약에 의해 영국은 유럽연합의 일원이 되어, 유럽대륙과 하나가 될 운명을 주체적으로 맞아들였다. 그로부터 불과 이십칠 년이 흘렀다. 2020년 영국은 다시 유럽에서 떨어져 나왔다. 그리 길지 않은 세월이었다. 빙하에 의해 대륙과 섬이 분리된 이후의 그 긴 시간에 비하면 카이사르에 의해 시작된 영국과 대륙 간 만남의 시간도 그리 긴 건 아니었다. 그러니 유럽연합으로 인해 대륙과 하나로 존재했던 세월은 사실상 찰나에 불과한 것이다. 영국은 대자연이 가져다준 물리적 브렉시트에 이어 다시 국민투표라는 제도를 통해 두 번째 브렉시트를 감행한 셈이다.

영국이 외롭지만 비장하게 섬나라로 돌아간 2020년 1월 31일과 2월 1일, 나는 우연히도 런던의 거리에 있었다. 하지만 전날의 런던과 그날의 런던은 어떠한 차이도 없었다. 홀로서기를 위한 축하의 축포도 없었고, 홀로서기에 대해 비판하는 움직임도 체감상으로는 느껴지지 않았다. 섬이 대륙에서 찢겨 나간다는 두려움 같은 것도 존재하지 않았다. 많은 비판과 논의도 있었지만, 결국 그들은 대륙을 향해 조용히 손을 흔들고 떠났다. 2016년 국민투표에 의해 브렉시트 여부가 결정되던 그날에 비하자면, 정해진 수순을 받아들이며 외려 차분하게 하루를 맞고 있었다. 물론 아직도 해결해야 할 문제들은 산적해 있었겠지만 그날의 런던은 적어도 표면상으로는 그저 담담한 일상이 이어지고 있었다.

2016년 브렉시트에 대한 투표가 가결되었던 시기, 나는 다니던 회사를 그만두고 개인 스튜디오를 운영하기 시작했다. 당시 크리스티나라는 동료가 있었는데 이 친구도 비슷한 시기에 회사를 그만두고 개인 스튜디오를 시작했기 때문에 우리는 의기투합해서 함께 할 일을 찾고 있었다.

크리스티나에게는 런던의 금융가에서 일하는 미켈레라는 남동생이 있었다. 밀라노에서 대학을 졸업한 남매는 졸업 이후 런던 드림을 꿈꾸며 영국으로 이주했다. 친구는 런던의 설계사무소에서 일했고, 미켈레는 금융계에 취업했다. 이후 크리스티나는 글로벌 금융위기 때 다니던 사무소의 인원 감축으로 인해 이탈리아로 되돌아왔다. 미켈레는 런던에 남았는데, 우리가 스튜디오 일을 시작할 무렵 그는 외국계 금융사의 브로커로 일을 했다. 꽤 오랫동안 런던에서 일하면서 그는 전형적인 런던 금융가 샐러리맨의 삶을 살고 있었다.

내가 이탈리아에서 일하면서 가장 부러웠던 것이 유럽연합의 이런 시스템이었다. 유럽연합에 속한 국가의 국민이면, 유

영국의 브렉시트가 현실화되기 전날 바라본 샤드타워

럽연합의 어느 나라건 제약 없이 거주하고 일할 수 있는 환경. 상황이 여의치 않으면 다시 돌아올 수 있고 또 마음만 먹으면 언제든 왔다 갔다 할 수 있었다. 허리가 잘린 반도라서 하늘길로 바다를 건너지 않고서는 결코 국경을 벗어날 수 없는 대한민국에서 자란 나로서는 한 시간만 차를 타고 달리면 아무 제약 없이 국경을 넘어갈 수 있는 상황 자체가 정말 신세계였다.

더군다나 유학을 오고 또 여기서 직장을 구하면서 복잡한 비자와 체류 허가의 과정을 거친 까닭에, 마음만 먹으면 유럽 어느 곳이든 가서 공부하고 일할 수 있다는 사실이 경이롭기까지 했다. 그들에게는 물리적인 거리와 언어 사용의 차이점만 있을 뿐, 행정상의 복잡한 문제는 존재하지 않았으며, 이로 인해 유럽대륙의 모든 나라가 삶의 무대가 될 수 있었다.

물거품이 된 프로젝트의 꿈

어느 날, 미켈레가 클라이언트를 소개해줄 테니 런던으로 오라고 했다. 우리는 줄자, 카메라, 레이저 측정기 등 실측을 할 수 있는 만반의 준비를 갖추고 런던으로 갔다.

우리는 미켈레와 같은 회사에서 일하는 젊은 부부를 소개받았다. 주말 아침 우리는 그들을 만나기 위해서 기차를 타고 런던 인근의 서섹스로 향했다. 해리 왕자와 메간 마클이 작위를 받은 지역으로, 작은 마을이지만 전통의 향기를 그대로 간직하고 있는 곳이었다. 오래된 아기자기한 집들과 상점들이 많이 보였다. 런던의 번잡함을 뚫고 도착한 이곳에서는 공기의 신선함을 느낄 수 있었다. 덕분에 런던 지하철을 이리저리 뚫고 지나온 그날 아침의 피곤함이 한 방에 날아가버렸다.

클라이언트의 말을 빌리자면, 서섹스는 오래된 전원 하우스들이 많고 전통적인 분위기가 남아 있는 곳으로, 런던의 혼잡함에서 벗어나고 싶은 중산층들이 즐겨 사는 데라고 했다. 부부 또한 스트레스가 많은 런던 금융가를 떠나 마음의 여유를 누릴 수 있는 곳을 찾아 몇 년 전에 이사한 것이라고 했다.

클라이언트의 차를 타고 도착한 곳은 튜더양식으로 지어진 오래된 주택이었다. 몇 백 년 전에 지어졌을지 감도 잡히지 않는 빌라는 경사가 아주 가파른 커다란 지붕이 가장 먼저 눈에 띄는 집이었다. 이방인의 눈에는 이색적인 전통 주택이었지만 실제로 살기엔 난점이 많을 것이라는 생각이 단번에 들었다.

기본적으로 벽난로가 주된 난방시설이었던 낡은 집이었는데, 이후 여러 번의 수리를 거치면서 라디에이터가 곳곳에 설치되어 있었다. 하지만 두터운 돌로 만들어진 까닭에 온기를 유지하기에는 턱없이 부족했다. 게다가 바닥 슬라브가 나무로 되어 있는 영국 주택의 특성상, 걸어 다닐 때마다 삐걱거

○

서섹스의 튜더양식 전원주택 입구.
오래된 것에 대한 이들의 애착을 느낄 수 있다.

리는 소리가 요란하게 울려댔다.

이미 집의 바닥은 전체적으로 기울어, 바닥에서 경사가 느껴질 정도였다. 과장해서 표현하자면 피사의 사탑 안에 있는 느낌이라고나 할까? 이들 부부는 그런 상태로 계속 살고 있는 중이었다. 도대체 어디서부터 어떻게 시작해야 할지 도무지 감이 잡히지 않았는데, 그렇기에 어쩌면 더 매력적인 프로젝트로 여겨졌는지 모른다. 몇 년 전 이사를 해서 미처 집을 정비할 틈도 없이 지내다가 비로소 마음먹고 건축가를 찾은 것이었다. 2세 계획을 포함해 안정된 전원의 삶을 꿈꾸는 젊은 부부와 이 집이 어떻게 변화하면 좋을지 얘기했다. 런던 금융가의 젊은 엘리트들의 전원주택이라니, 테마가 흥미로워 얼마나 흥분했는지 모른다.

우리는 그날 점심을 함께 먹고 벽난로 앞에서 티타임을 가지면서 브렉시트에 대한 대화를 나누었다. 아주 가벼운 대화에 불과했고, '사실상 일어나지 않을 일이지만 신경이 쓰이기는 한다'라는 정도의 이야기였다. 그러다가 어느 순간 "그래도 말이야, 일어난다면 어떻게 되는 거지?"라는 의문을 토로하기도 했지만 그건 정말 아주 소소한 의심이었다. 결국 "그런 어리석은 일은 일어나지 않을 것이다"라는 말로 대화는 끝났다.

우리는 서섹스에서 프로젝트에 대한 논의를 나누고 다시 밀라노로 돌아왔다. 그리고 건축 구조에 대한 논의를 포함해,

리노베이션이 이루어져야 하는 부분과 현재의 상태를 보존해야 하는 부분에 대한 세부적인 사항들에 대한 스터디를 진행했다. 일부는 지역 건축가의 도움이 필요하므로 그런 부분에 대한 사전 준비도 해야 했다.

우리는 건축의 리노베이션은 물론 최종적으로는 가구와 집기들까지 전부 아우르는 코디네이션을 맡기로 했으므로, 이 오래되고 기울어진 집에 대해 좀 더 세밀한 연구가 필요했다. "이미 여러 해를 그 집에서 살아왔으니 오늘내일 서둘러야 할 일은 아니지만 맘먹었으니 이번엔 해야겠다"는 클라이언트의 의지는 우리가 스트레스 받지 않고 차분히 일을 정리해나가는 데 큰 도움이 되었다.

그래도 우리는 가능한 한 신속하게 기획안을 정리하고 세부적인 일정까지 검토해서 클라이언트에게 제출했고, 곧 다가올 프로젝트의 진행에 마음이 한껏 부풀어 있었다. 그리고 제안서에 대한 피드백을 기다리고 있던 어느 날, 예상치 못한 사건이 일어났다. 국민투표를 통해 브렉시트가 통과되어버린 것이었다. 영국 국민들은 영국이 유럽연합을 탈퇴해 독자적인 국가로 남는 선택지에 표를 던졌다. 당시의 선거 결과는 잔류가 48.1퍼센트, 탈퇴가 51.9퍼센트였는데, 그 약간의 차이로 영국은 새로운 운명을 맞게 되었다.

육지와 섬의 긴긴 이별 여행

많은 이유가 있겠지만 브렉시트는 과거의 대영제국에 대한 막연한 동경, EU가 확장되어감에 따라 지속적으로 늘어나는 외국인 노동자와 이민자들에 대한 보수적인 시각, EU의 유지를 위해 영국이 지나치게 큰 희생을 치르고 있으며 그런 희생이 없다면 영국의 경제 상황이나 복지 상황이 더 나아질 수 있을 것이라는 보수적 논리 등이 작용한 결과였다.

이런 시각을 브렉시트 찬반 투표의 결과로 잠재울 수 있으리라 믿었던 보수당의 캐머런 내각은 국민투표를 통한 딜을 시도했는데, 막상 뚜껑을 열고 보니 현실적으로 불가능할 것이라 믿었던 탈퇴안이 가결되어버린 것이었다.

정치적·경제적인 상황에 있어서 앞으로 많은 변화가 일어날 것이 틀림없었다. 긴 세월을 두고 통합을 이루어온 이들과의 작별이 쉽지 않을 것은 당연한 일이었다. 브렉시트의 여파로 북아일랜드와 스코틀랜드의 분리 요구도 더욱 거세질 것이 틀림없으니 영국 사회에 들이닥칠 폭풍은 만만치 않을 것이다.

주식시장은 요동쳤고, 영국에 거주하는 유럽인들에게 두려움이 몰려왔다. 당장 체류 허가나 별다른 절차 없이 한 나라처럼 살아오던 그들은 어디서부터 무엇이 어떻게 바뀌게 되는지 알 수 없는 상황을 마주하게 되었다. 탈퇴 선언 후 이 년의 준비 기간이 주어질 거라고는 했지만, 그 순간의 충격 앞에서는 감정적인 혼란이 우선이었다.

런던의 외국계 금융회사들도 유럽의 다른 도시로 옮겨가게 될 가능성에 대해 이야기하기 시작했다. 일자리 부문에서 커다란 지각변동이 일어나게 될 것은 자명해 보였다. 결혼을 하지 않고 밀라노에서 함께 살고 있던 나의 동료와 그녀의 영국 국적 남자친구는 체류를 위해서 당장 결혼부터 해야 하는 게 아니냐는 농담을 주고받기도 했다.

금융시장의 불안으로 숨죽이고 있던 몇 주의 시간이 흘렀다. 우리는 현재로서는 집에 비용을 투자할 확신이 서지 않는다는 클라이언트의 피드백을 받아야 했다. 새로운 프로젝트에 대한 설렘은 그렇게 브렉시트 가결과 함께 끝나버렸다.

일을 하다 보면, 할 거라고 믿었던 프로젝트를 이런저런 이유로 놓치게 되는 경우가 허다하다. 가끔은 정말 도전하고 싶은 프로젝트도 있고, 가끔은 수입을 위해 해야만 하는 프로젝트도 있다. 이 프로젝트는 전자의 경우였다. 회사에서 독립한 후 처음으로 우리가 찾아낸 클라이언트였다. 결국 우리를 잠시 환상에 빠지게 한 서섹스 프로젝트는 브렉시트로 인해 물거품처럼 사라져버렸다. 영국의 국민투표가 나의 일상에까지 영향을 끼친 것이다. 지구상에서 일어나는 일 어느 하나 나의 삶과 관련되지 않은 것이 없다는, 카오스 이론의 나비효과를 생생하게 체감할 수 있었다.

영국은 유럽연합의 형성과 지속의 과정에서 중요한 역할을 담당하고 있었으나 언제나 주도적인 자리에 나서기보다는 한 발은 걸치고 다른 한 발은 살짝 밖에 내놓는 그런 모습을 보여왔다. 윈스턴 처칠은 2차 세계대전 이후 '유럽 합중국'을 주장했지만 정작 유럽연합의 전신으로 출범한 1957년 유럽경제공동체에 가입하지 않았고, 십육 년이나 늦은 1973년에야 유럽연합에 합류했다. 물론 1973년 이전부터 영국이 유럽연합에 가입하기까지, 가입 여부를 두고 프랑스와 벌인 줄다리기를 시작으로 자존심에 금이 간 상태였었다. 이후에도 유럽 통합 과정에서 보수당 주도의 영국과 유럽연합 사이에는 여러 가지 난항이 있어왔다. 영국이 유럽 단일 통화에 참여하지 않은 것도 이러한 갈등 양상을 보여주는 사례라고 할 수 있다.

2016년 투표 이후의 혼란 상황은 이 년 이상 지속되었다. 2019년 12월 보수당의 집권은 브렉시트에 쐐기를 박았고, 2020년은 이별의 해로 다가왔다. 어떻게 보면 브렉시트는 어느 날 갑자기 터져 나온 주장이 아니다. 유럽연합에 대한 영국의 본질적인 의구심이 해소되지 않은 것이 이유 중 하나이며, 이미 언제든 유럽연합에서 뛰쳐나올 준비가 되어 있었던 것일지도 모른다.

유럽연합은 유럽 전체의 안전과 이익을 위해 구상되었다

테이트 모던에서 바라본 런던강 건너로 런던의 과거와 현재가 보인다.

고 하지만, 아직까지도 하나의 세계로 고정된 것은 아니다. 유럽의 통합을 외치며 공동의 이익을 위해 뭉치는 모습을 보이기는 했지만, 각국의 이익 앞에 유럽연합의 의지가 무력했던 적도 많았다. 각각의 국가는 여전히 유럽연합의 공동 이익을 위하는 것보다는 유럽연합으로부터 자국의 이익을 챙겨가는 것을 더 획책하고 있을지도 모른다. 영국은 이러한 유럽연합이라는 동상이몽에서 일찌감치 눈을 뜨고 자리를 박차고 나온 것일지도 모른다. 실제로 영국의 브렉시트를 지켜보며 이탈리아에서도 이탈시트를 주장하는 목소리가 적지 않았다.

석회암의 흰 절벽을 양쪽으로 남기고 유럽대륙과 영국은 그렇게 갈라졌지만, 역사는 그것으로 끝나지 않았다. 누군가는 배를 타고 그곳에 다가갔고, 누군가는 터널을 뚫었고, 누군가는 열심히 수영을 해서 그곳에 닿았다. 영국의 유럽 탈출을 어리석은 일이라 조롱하면서도 한편으로는 많은 대륙의 국가들이 부러운 마음을 품고 있는 것도 사실이다. 정작 영국은 문을 박차고 나오듯 호기를 부렸지만, 등 뒤로 닫히는 문이 아쉬워 자리를 쉽게 떠나지 못하는 모양새다. 유럽연합과의 애증 관계는 아직 끝난 게 아닌 것 같다. 영국의 유럽 탈출은 아직도 현재진행형인 셈이다. 그것은 육지와 섬 사이의 애증 관계와 닮았다고나 할까?

England
2

여인 천하의
나라

말은 제주도로, 여자는 영국으로

어릴 적 영국 하면 가장 먼저 떠오르는 인물이 마거릿 대처 수상이었다. 대처 수상은 어린 시절 이후 아주 오랫동안 뉴스에서 보아왔는데, 기록을 찾아보니 1979년부터 1990년까지 수상을 역임했다.

내가 대통령이 바뀔 수도 있다는 것을 처음 알게 된 것은 박정희 대통령이 사망하고 최규하 국무총리가 대통령이 되었을 때였다. 대통령이란 자리가 영구적인 게 아니라는 것은 학교에 들어가면서 차차 알게 되었다. 그런데 민주주의국가인 영국에서 독재자도 아닌 수상이 그렇게 오랜 세월 집권하는 것이 참 신기해 보였다. 나라별로 정치제도가 다르다는 것을 이해하기에는 아직 어린 시절이었다.

그런데 당시 더 특이하게 느껴졌던 건, 영국이라는 나라는 수상도 여자이고 왕도 여자라는 사실이었다. 영국 왕실의 존재에 대해 처음 알게 된 것은 찰스 황태자와 다이애나 황태자비의 결혼식 덕분이었다. 당시 생방송으로 방영된 그 세기의 결혼식을 보면서, 동화 속 왕자와 공주가 이 세상에 정말로 존재한다는 것을 처음 알았고, 덩달아 여왕의 존재까지 알게 되었다. 왕자와 공주가 현실에서 등장한 것도 놀라웠는데, 왕이 아니라 여왕이 있다는 사실은 꽤 신기하고 당황스러웠다.

어린 시절 내 기억 속의 영국은 한마디로 여인 천하의 나라였다. 그 이후로도 나는 한동안 영국을 떠올릴 때마다 이 나라는 사회구조가 어떻길래 나라를 대표하는 사람들이 죄다 여인들인 걸까 싶었다. 깊이 파헤쳐 들어가보지는 못했어도 여인 천하의 나라가 존재한다는 사실만으로도 나는 꽤 기분이 좋았다.

런던 초상화 미술관으로 떠난 역사 공부

최근 나는 언니와 함께 런던에서 있었던 어페럴 페어를 보기 위해 다녀왔다. 어느 정도 규모의 페어인지 정확한 정보가 없어서 이틀 정도 참관하는 것을 예상하고 3박 4일의 일정을 잡아 런던에 도착했다. 막상 페어에 가보니 규모가 생각보다 많이 작았고 내용도 좀 부실해서 긴 시간을 투자할 필요가 없어졌다. 타이트한 일정을 생각하고 왔는데 갑자기 시간이 많아졌다. 하지만 안타깝게도 겨울의 런던은 하염없이 비가 내리는 날씨였다.

이럴 때 가장 하기 좋은 일은 뭐니 뭐니 해도 미술관 구경이었다. 우리는 비 오는 하루를 미술관에서 보내기로 하고 트라팔가 광장으로 향했다. 런던에 온 것은 두 번째이지만 미술관 관람에 관심이 없었던 동행들 탓에 런던의 미술관을 관람해보지 못한 언니를 위해 우선 내셔널 갤러리를 찾았다. 전문적이라고까지는 못해도 우리 자매는 미술관 관람에 남다른 애정을 품고 있어서 함께 여행할 때면 어김없이 미술관에 들르곤 한다.

내셔널 갤러리에서 반나절을 보내고 나왔는데도 여전히 비는 내리고 있었다. 자연스레 우리의 발걸음은 바로 옆에 위치한 초상화 미술관으로 이어졌다. 갈 길이 바쁜 여행객이 시간을 할애하기에는 조금 애매한 초상화 미술관은 그런 까닭에 내셔널 갤러리에 비하면 다소 한적한 느낌이었다. 초상화 미술관을 언니와 함께 보고 싶었던 것은 이전에 방문했던 나의 기억 속에 어느 미술관 못지않게 흥미로운 인상으로 남아 있었기 때문이다.

내가 가장 좋아하는 초상화는 단연코 다이애나 황태자비

수수한 평상복 차림의 다이애나 황태자비

의 사진이다. 사진 속의 그녀는 화려하지 않은 블랙 앤드 화이트의 정갈한 복장을 입고 평범하지만 기품 있는 미소를 띠고 있다.

이 사진 한 장이 그녀의 삶을 이야기해주고 있다는 생각이 든다. 왕실을 벗어나 평민으로 돌아갔다가 비운의 죽음을 맞은 그녀의 삶은 그 자체로 하나의 역사가 되었다.

초상화 미술관이 큰 의미를 가지는 것은 이렇게 역사 속 실존 인물들의 모습을 볼 수 있다는 점이다. 그들의 외모가 실제로 어떠했는지를 알고 싶은 호기심은 떨쳐내기 어렵다. 개인적으로는 또 각 시대별로 초상화 속 인물들이 입고 있는 복장에 흥미가 동한다. 그들의 복장을 통해 그 시대의 의복 문화를 알 수 있기 때문이다. 초상화 속 인물의 성별과 사회적 신분에 따라 각각의 다른 의복이 존재한다. 귀족이나 왕족의 경우 시대별로 그려진 인물들의 초상화는 그들의 가계도를 확인할 수 있는 족보 역할도 하고 있다. 시대별로 유명 인사라고 불리는 이들이 과연 어떤 직업을 가진 사람이었는지도 파악할 수 있다. 런던의 초상화 미술관이 가지고 있는 중요한 의미 중 하나가 이렇게 초상화를 통해서 그들의 문화와 사회상을 간접적으로 체험하고 엿볼 수 있다는 점이다. 과거부터 시작해 최근의 초상화까지 훑어보면서 어떤 사람이 이 세상의 한 획을 긋고 사라졌는지 생각하게 된다.

1차 세계대전 당시의 연방회의 장면. 중앙에 처칠 수상의 모습이 보인다.

초상화 미술관이라고 해서 단순하게 인물들의 얼굴만 나열되어 있는 건 아니다. 사진이 없던 시절, 또는 사진술이 이미 발명되었으나 아직 일반적이지 않던 시절에는 역사적인 사건을 화폭에 담았는데, 이 그림들 또한 초상화 미술관의 중요한 주제 중 하나다. 역사적으로 영국이 겪어온 다양한 사건들이 대형 화폭에 담겨 있는 경우가 많은데, 그림 안의 인물들 또한 디테일하게 표현되어 있어 마치 사진 속의 한 장면을 보는 듯 생생하다. 사진으로 남길 수 있는 시기였음에도 초상화로 그려진 것들도 많다. 전통적인 방식으로 역사를 남기고자 했던 욕구 때문일 것이다.

물론 사진이 발명되고 난 이후에는 사진 자료들이 많은 부분을 차지하고 있다. 특히 최근 인물의 경우에는 사진으로 된 초상화가 더 많다. 초상화가 그려진 표현 방식의 변화도 하나의 볼거리다. 사진이 발명되기 전과 후의 변화는 말할 것도 없고, 사진 이전 시대의 그림들도 표현 양식이 제각기 다채롭다. 고전적인 유화 페인팅이 주조를 이루다가 최근에는 팝아트 형식도 존재한다. 예를 들면 2017년 타계한 건축가 자하 하디드의 초상화는 팝아트로 표현되었으며, 더군다나 캔버스가 아닌 LCD 스크린에 담겨 있어 가장 눈에 띄는 작품 중 하나다.

여왕들만 있고 여자들은 없는 곳

각각의 시대별 초상화들을 보다 보면 역시나 역사적으로 중요한 인물들의 초상화가 많이 남겨져 있음을 알 수 있다. 엘리자베스 1세 여왕의 경우 가장 포토제닉한 여왕이라고 볼 수 있는데, 화려하고 근엄한 모습의 다양한 초상화들이 그녀가 가진 존엄을 극명하게 표현해주고 있다. 전해지는 바로는 그녀는 꾸미는 것을 절대 게을리하지 않았다고 하는데 그녀의 초상화 속 화려한 모습들을 보면 쉽게 수긍이 간다. 혼란스러운 시기 종교적인 갈등을 잠재우고, 유럽의 다른 강대국에 비하자면 상대적으로 작은 섬나라에 불과했던 영국을 대영제국으로 끌어올린 그녀는 영국 역사상 가장 위대한 왕으로도 꼽히곤 한다.

또 한 명의 위대한 여왕이 있는데, 대영제국 최대 전성기를 이룬 빅토리아 여왕이다. 빅토리아 여왕도 수없이 많은 초상화가 남아 있다. 1819년에 태어나 1901년에 운명했고, 재위 기간만도 육십사 년이었으므로 당연한 일이다. 또한 사진이 1826년에 발명되었으니 여왕의 재위 시기에 남겨진 사진 기록물도 상당하다. 초상화 속의 빅토리아 여왕은 권위를 표현하는 화려한 의상을 입고 근엄하게 포즈를 취하고 있는 것들도 있지만, 아주 일상적이고 평범한 느낌의 사진들도 많이 남아 있어 오히려 친근한 느낌마저 들 정도다. 재위 기간만도 반세기가 넘어 이 시기를 통상 빅토리아기라고 부른다.

18세기 중반에 시작된 산업혁명이 최고조에 달하면서, 산업자본주의의 시대가 도래하였다. 막강한 부가 축적되고, 이로 인해 다양한 사회 계층이 발생하면서 대립이 빈번하던 시기이기도 했다. 빅토리아 여왕의 재위가 시작되기 바로 직전인 1834년에 선거법이 개정되어 중산계급의 남성이 정치에 참여할 수 있게 되었으며, 1867년에는 노동자 계급도 참여하게 되었으니 그녀의 재위 기간에 이루어진 사회 변화는 어마어마한 것이었다. 물론 명예혁명으로 이루어진 이런 변화가 왕의 통치와 결정권에 의해 이루어진 일들은 아니었지만, 추진력 강한 의회와 왕의 결단력이 있었기에 영국이 앞서나갈 수 있었던 것은 분명하다.

현재의 영국 국왕인 엘리자베스 2세의 경우는 이미 사진이 보편화된 시기에 태어나서 살고 있으므로 어린 시절부터의 그녀의 일거수일투족이 사진으로 남아 있다. 현재 영국인으로부터 가장 존경받는 왕으로도 꼽힌다는 그녀는 21세기 매스컴의 발전으로 인해 초상화가 아니더라도 실시간으로 전 세계인에게 지속적으로 노출되는 최초의 영국 국왕이 되었다.

1952년 엘리자베스 2세 여왕이 즉위하여 현재에까지 이르고 있으니 내 기억 속에는 언제나 엘리자베스 2세가 영국의

조지 5세와 로열 패밀리.

에드워드 8세의 왕위 포기로 윈저 가의 왕위 계승이 시작된다.

여왕이었던 셈이다. 엘리자베스 1세, 빅토리아 여왕 그리고 엘리자베스 2세까지 영국의 역사 속에 가장 빛나는 왕들 또한 여왕들이었으니, 내가 영국에 대해 갖는 여인 천하의 느낌이 가히 틀리다고 할 수는 없을 것이다.

영국에 여왕들이 꽤 많이 존재했던 이유는 왕위 계승 조건 때문이다. 현재 영국의 왕위 계승 조건은 직계가 방계보다 우선하며 성별에 관계없이 먼저 출생한 자가 우선하게 되어 있다. 단, 2013년 이전까지는 같은 세대 내에서 남성이 여성보다 우선했으므로 이 세 명의 여왕들은 실상, 세대 내의 남자 계승자가 상위 연령대에 없었기 때문에 왕이 된 사례라고 볼 수 있다. 영국의 역사로 볼 때 참으로 다행한 일이었다는 생각이 든다.

런던의 초상화 미술관에서 이렇게 출중한 영국의 여왕들을 만났지만 갤러리 전체를 돌아보면 여성보다 남성의 비율이 월등히 높은 것을 알 수 있다. 아무리 여인 천하의 영국이라 해도 이 소수의 여왕들 이외에 다른 여성들의 활약상은 좀처럼 찾아볼 수 없다.

남성 초상화를 보면 대부분 왕족이나 귀족들을 그린 것이다. 그리고 의회정치가 일찍이 자리를 잡은 나라답게 정치인들이 많이 등장한다. 물론 그 정치인들도 대부분 과거에는 귀족들이었지만 말이다. 정치인들이 의회에 모여 회의를 하는 모습 같은 역사적인 모임의 순간들을 다룬 작품들도 꽤 있는데, 죄다 남성들이다. 정치인뿐만 아니라, 학자, 문학가, 과학자, 탐험가, 예술가들도 대부분 남성들이다.

20세기 이전의 여성 초상화는 거의 귀족들이 대상이다. 여왕들은 정치적인 권위 또한 갖게 되므로, 한편으로는 정치인으로 봐도 무방할 것이다. 하지만 그 또한 세습으로 획득한 지위이니, 가족의 그늘을 벗어난 독립적인 여성의 활약상을 찾아보기란 거의 힘들었던 셈이다.

즉 여성은 부모로부터 귀족의 권위를 세습받지 못하면 세상 밖에서 두각을 드러낼 수 없었던 것이다. 그들은 귀족이라 하더라도 누군가의 아내이거나 누군가의 딸이었다. 가족의 권위 밖에서 그녀들의 삶은 존재하지 않았다. 그녀들은 귀족답게 우아하고 화려했다. 하지만 고귀한 신분의 일원이 아니었던 다른 여성들의 삶을 이곳에선 알 방법이 없었다.

19세기 그녀들이 등장하기 시작했다

19세기와 20세기에 들어서면서 다양한 여성의 삶이 하나둘 목격되기 시작한다. 20세기 후반과 21세기에 들어서면 여성의 초상화는 남성의 초상화만큼이나 다양해진다. 하지만 주체적인 존재로서의 여성이 등장하던 시기인 19세기 여성들은 대부분 작가이거나 예술가들에 국한되어 있었다.

그중 두드러지는 것은 아무래도 여성 작가들의 등장일 것이다. 열여덟 살에 《프랑켄슈타인》을 집필했던 메리 셸리의 초상화가 그곳에 있으며, 《오만과 편견》의 저자 제인 오스틴도 있다. 그리고 브론테 자매들도 그곳에 있다. 언니들에 비해서 비교적 덜 알려졌지만 그녀 자신도 훌륭한 작가였던 앤 브론테, 《제인 에어》의 샬럿 브론테 그리고 《폭풍의 언덕》의 에밀리 브론테까지.

영국은 호적제가 있어서 결혼한 여성은 남편의 성을 따르게 되어 있다. 메리 셸리나 버지니아 울프는 남편의 성으로 활동했다. 따라서 그녀들이 어떤 가정에서 태어난 사람이었는지는 그녀들의 성만으로는 사실상 알 수 없다. 브론테 자매의 경우는 그녀들이 태어난 가족의 성을 가지고 있지만, 어떤 주체성의 표현은 아니었던 것 같다. 아쉽게도 그녀들은 전부 요절했는데, 에밀리나 샬럿은 결혼하고 일 년이 채 안 돼 병으로 사망했기 때문에 잠시 가졌던 남편의 성은 잊히게 된 것 같다.

19세기 이전까지 여성 작가들은 사실상 존재하지 않다가 이 시기에 훌륭한 여성 작가들이 등장하게 된다. 아무래도 시대상과 관련이 있을 것이다. 그 이전의 초상화에서도 알 수 있듯이 주체적인 삶을 갖지 못한 여성들이 공부를 한다거나 사회적 꿈을 실현하는 것은 사실상 불가능한 정도가 아니라 아예 존재하지 않는 개념이었을 테니 말이다.

이 여성 작가들 가운데 비교적 더 초창기라고 할 수 있는 1800년대 초반에 작품 활동을 한 제인 오스틴의 예를 들자면, 그녀의 첫 작품인《이성과 감성》에 작가로서의 그녀의 이름을 드러낼 수 없었다. 책에는 그저 'By Lady'라는 명칭이 사용되었는데, 여성의 이름을 내거는 것 자체가 불경스러웠던 문화적 풍토 때문이었을 것이다. 물론《오만과 편견》에도 그녀의 이름이 표기되지 않았다.

제인 오스틴은 목사의 딸로 태어났고, 브론테 자매 역시 성공회 사제의 집에서 태어났다. 귀족 가문이 아니라 종교인의 가정에서 태어난 덕에 좀 더 진취적으로 활동할 수 있는 환경을 제공받았을 것이다. 가족과 남성의 한 부분으로만 살아야 하는 귀족 가문보다는 비교적 덜 전통적이면서도 어느 정도의 경제적인 여력이 허락되었던 분위기에서 책을 읽고 지식 세계를 넓히며 세상에 대한 시각을 획득했을 것이다. 당시엔 책을 구한다는 것 자체가 비용적인 측면에서 쉬운 일이 아니었다. 이들은 그나마 '책이냐, 굶어 죽을 것이냐'를 선택해야 할 정도의 궁핍한 삶을 산 것은 아니었던 것 같다. 경제적 어려움은 어느 정도 감수해야 했겠지만, 호기심을 충족시킬 책을 찾아 읽고 필사를 하며 자신들의 책을 써나갈 수 있었던 것이다.

브론테 자매는 제인 오스틴보다 상대적으로 그 이후 세대에 해당되지만 그녀들 역시 자신들의 이름을 저자로 표기하

○

브론테 자매의 초상화와 에밀리 브론테의 초상화

지 못했고 '벨'이라는 성 아래 커러 벨, 앨리스 벨, 엑터 벨이라는 필명을 사용했다. 저자 자신이 전면에 나오지 않다 보니, 당시 《폭풍의 언덕》의 저자가 여자인지 남자인지 의견이 분분했다고 한다.

19세기 영국 문학에 이렇게 많은 여성이 등장하면서 섬세한 감성이나 그 당시 여성의 삶에 대해 좀 더 접근한 책들이 등장하게 되었다. 이로써 저자뿐 아니라 주인공이 여성인 스토리들도 탄생하게 된다. 《오만과 편견》이나 《제인 에어》에서 보는 여성상은 사실 '캔디'류의 여성과 그다지 다르지 않다. 가난한 여성이 그보다 상위 계급의 남자를 만나 행복해진다는 그런 류의 스토리라고만 생각하면, 이 작품들에 대해 제대로 이해하지 못한 것일 수도 있다. 캔디가 외로워도 슬퍼도 울지 않고 자신의 삶을 개척해나가듯이, 소설 속의 여주인공들도 그저 사랑을 기다리고 주어진 운명에 순응하며 살아간 것이 아니다. 그녀들 또한 나름의 방법으로 사랑을 쟁취했으며 스스로 판단하고 삶을 움직였다. 이 시기는 여성에게 선거권조차 주어지지 않았던 시기였음을 기억해야 한다. 19세기 여성 작가들은 나라의 운명까지는 아닐지언정 자신의 운명은 최소한 스스로 이끌어 나가고자 하는 진취적인 사고를 가지고 20세기를 준비하고 있었다.

여인에게는 천하보다 참정권이 필요하다

여인 천하의 영국에서도 이렇게 여성들에게 쉽지 않은 역사가 이어졌다. 앞에서 언급한 바와 같이 빅토리아기인 1834년엔 중산계급이 정치에 참여할 수 있게 되었으며, 1867년에는 노동자 계급도 참여하게 되었지만, 이때도 소외된 이들이 바로 여성이었다. 민주주의의 선구자인 영국에서 정작 여성이 시민의 일부로 인정받고 투표에 참여하게 된 것은 1918년이 되어서였다. 물론 그나마도 30세 이상의 여성에 대한 참정권이었다.

런던 초상화 미술관에는 여성 운동가였던 에밀리 데이비슨(Emily Davison)의 장례식 사진이 있다. 단독 초상화가 아니라 역사적인 장면을 담은 사진 한 장으로 남아 있다. 말이 이끄는 장례 운구를 군중들이 둘러싸고 있으며, 그 뒤를 여성들이 따르고 있는 사진이다. 1913년 에밀리 데이비슨은 그 당시 열린 경마대회에서 국왕 조지 5세가 이끄는 말에 몸을 던졌다. 그녀의 외투에는 '여성에게 참정권을'이라는 문구가 쓰여 있었다. 에밀리 데이비슨의 나이 41세였다. 19세기에 태어나 변화하는 영국 사회에서 여성의 권리를 찾기 위해 온몸을 내던진 그녀의 꿈이 헛되지 않게, 그로부터 오 년 후 영국 여성은 참정권을 얻게 되었다. 그리고 그로부터 또 십 년 후에 21세 이상의 모든 여성에 대한 참정권이 새롭게 인정되었다.

사실상 영국은 여왕의 나라답지 않게 여성의 사회 진출에 인색한 나라였다. 오히려 영국 연방령의 뉴질랜드나 캐나다는 영국보다 더 일찍 여성의 참정권을 인정했고, 북유럽의 국가들도 영국보다 앞서 여성의 참정권을 인정했다. 오히려 우리가 민주주의 전통이 일찍 확립된 국가라고 보는 영국, 프랑스, 미국의 경우 여성이 참정권을 획득하기까지 어려운 투쟁의 과정을 거쳐야만 했다.

참정권을 인정한다는 것은 곧 그들을 사회 또는 국가의 구성원으로 인정하는 것이라고 볼 수 있다. 20세기에 이르러 사회의 일부로 겨우겨우 승급된 여성들은 거꾸로 말하자면 그 이전에는 사회적 가치를 지니지 못한 존재였던 셈이다. 그녀들의 존엄성은 그녀들 자신으로 판단되는 것이 아니라 그녀들의 가문 혹은 그녀들이 혼인을 맺는 가문에 따라 판단되었던 것이다.

내가 기억하는 한에서도 이미 두 명의 여성 수상, 대처와 메이 수상이 존재하지만, 그녀들의 정치적 행보가 남성 정치인들에 비해 쉽지 않았음을 역사적인 상황을 보아도 충분히 이해할 수 있다. 철의 여인 마거릿 대처 수상의 경우 그녀의 정책에 대해서는 여전히 호불호가 갈리지만, 강력한 추진력으로 한 시대를 움직인 정치인이었음을 부인하는 사람은 없을 것이다. 여성의 완벽한 참정권이 보장되었던 것이 1928년이었고 대처 수상이 1979년에 수상 자리에 올랐으니, 영국에서는 여성이 참정권을 획득한 후 약 오십 년 만에 비로소 여성 수상이 탄생한 셈이다. 길다면 길고 짧다면 짧은 시간이다.

영국은 신사의 나라라고 하지, 숙녀의 나라라고 부르진 않는다. 숙녀는 신사의 부속품에 불과했기 때문일 것이다. 여인 천하처럼 보이던 시기에도 실상은 남성 천하의 사회였을 뿐이었다. 게다가 신분이 낮은 계층의 여성으로 태어나 근사한 신사의 부속품조차 될 수 없었던 여성들의 삶에는 최소한의 권리나 존중조차 부족했을 것이다.

조지 5세가 탄 달리는 말로 뛰어든 에밀리 데이비슨은 여인 천하의 세상을 원했던 것이 아니라 그저 여인에게 동등한 기회가 주어지기만을 바랐을 것이다. 에밀리 데이비슨이 원했던 세상으로 가는 행보는 지금도 계속해서 진행형이다. 어떨 땐 아주 빨리, 그리고 어떨 땐 지루한 속도로 말이다.

영국 초상화 미술관 속 여성 개척자들

젠틀맨은 사라지고
힙스터만 남았다

힙한 프로젝트를 한번 해볼까요?

한 대학 선배가 건축사로 오래 일하다가 회사 방침에 따라 인테리어, 디자인 마케팅 및 전략 분야의 일을 맡게 되었다. 작년 즈음 젊은 층을 타깃으로 한 '힙(hip)'한 스타일의 호텔 사업을 추진 중이라는 이야기를 들었다. 사실 '댄디(dandy)'한 스타일에 가까운 중년의 건축사에게 '힙'이라는 주제는 다소 풀어나가기 어려운 콘셉트가 아닐까 하는 생각이 들었다.

나의 상황도 다를 바는 없다. 나는 머무르지 않는 삶을 살아가려고 애쓰는 스스로에 대해 '방랑 디자이너'라는 표현을 쓰곤 하는데, 그럼에도 '힙'은 나에겐 여전히 어려운 단어로 느껴진다. 물론 디자이너의 과제는 경험하지 못한 것까지 유추하고 자료를 집대성하여 새로운 결과물을 산출해내는 것이지만 말이다. 여태까지 힙하기보다는 럭셔리하고 글래머러스한 풍의 프로젝트를 주로 해왔던 나에게, 힙이라는 주제는 꽤 거리가 멀었다. 디자이너로서 최신 트렌드에 대한 호기심은 언제나 가지고 있지만, 힙한 것에 대한 최근의 요구들은 단어 자체에 대한 고민에서부터 시작해야 할 것만 같았다.

'힙'이라는 말은 미국에서 시작되었다. 1940년대 미국의 재즈광을 뜻하는 말이었는데, 말하자면 주류가 아닌 비주류 혹인 문화에 열광했던 현상을 뜻하는 말이었다고 한다. 2000년대에 들어서면서 다시 각광받기 시작한 이 단어는, 지금도 여전히 비주류를 뜻하는 단어로 사용된다. 다만, 완벽한 하류 비주류 문화라기보다는 비주류의 라이프 스타일을 구가하는 젊은 중산층의 트렌드를 표현하는 말로 사용되고 있다. 이들은 타인을 신경 쓰지 않고 개성을 존중해 자기만의 표현 방식, 자기만의 패션 감각을 구사하고, 세속화되고 물질화되지 않은 라이프 스타일을 표방한다. 사실상 힙이란 단어가 이제는 인구에 회자되는 강력한 트렌드가 되어버렸다. 이로 인해 진정한 힙 스타일이 존재한다기보다는 힙이라는 트렌드를 따라가는, 힙하지 않은 상황도 많은 것이 현실이다.

특이한 것은 힙스터들은 자신의 삶을 찾기 위해 은둔을 하는 것이 아니라, 도시의 영역 안에 그들만의 새로운 공간을 찾아 나선다는 것이다. 대도시의 물질적인 환경을 즐기지만,

몰개성의 획일화된 곳을 벗어나 그들의 개성을 찾을 수 있는 곳으로 모여드는 것이다.

지난겨울 선배가 회사 교육 프로그램의 일환인 '런던에서 2주 살기'에 참여하기 위해 런던에 왔다. 런던에 아파트 하나를 두고 직원들이 교대로 돌아가며 2주간 머무는데, 런던에서 무엇을 하고 무엇을 얻어갈 것인가는 오롯이 직원들의 자유인 것이다. 2주면 관광객으로서 보내는 시간치고는 짧지 않다. 중요한 관광 포인트를 주마간산으로 훑은 후, 남은 시간들은 로컬의 삶이 어떤 것인지 조금이나마 느껴보는 데 할애한다고 했다.

작년 연말 한국에서 선배를 만나 프로그램에 대한 이야기를 나누었는데, 마침 힙한 프로젝트를 목전에 두고 있는 선배에게 로케이션 설정이 너무나도 적절한 것이 아닌가 하는 생각이 들었다. 적어도 나의 런던 경험에 의하자면 말이다.

"선배, 마지막으로 런던에 간 게 언제예요?"

"글쎄…. 십 년이 넘었지. 해외 설계 건으로 한 일 년 런던에서 있었던 게 2000년대 초반쯤인 것 같은데…."

"아마 깜짝 놀라실 거예요! 천지가 개벽했거든요."

내가 최근에 본 유럽의 도시 중에 가장 커다란 변화가 이루어진 곳이 바로 런던이었다. 물론 긴 세월 동안 거의 아무런 변화가 없던 도시의 스카이라인에 갑자기 최첨단의 빌딩군이

들어선 밀라노도 빼놓을 수 없지만, 런던의 양적 변화에 비하면 밀라노의 변화는 아무것도 아니었다.

런던의 변화는 서울의 변화보다도 더 빨랐고, 나의 체감으로는 거의 카타르의 도하나 두바이에 맞먹는 느낌이었다. 물론 도하나 두바이의 변화만큼 집중적이고 거대하지는 않았지만 기존의 도시 인프라가 이미 빽빽하게 들어서 있는 런던의 변화는 오히려 더 주목할 만한 것으로 느껴졌다.

런던에 왔다 갔다 하기

2008년 8월 한 달간의 여름 휴가 동안 런던에서 살아보기를 했는데, 나는 그 당시 일어나고 있던 런던의 변화를 제대로 실감했다. 특히 비교적 최근에 완성된 달걀 형태의 런던 시청과 그 일대의 변화가 인상적이었다. 2000년 밀레니엄을 맞아 세인트 폴 성당이 있는 북쪽과 테이트 모던이 있는 남쪽을 연결하는 인도교인 밀레니엄교가 축조되었는데, 이것은 기존 런던 관광의 중심인 웨스트민스터 지역과 낙후되어 있던 뱅크사이드를 연결하는 역할을 했다.

그 당시 테이트 모던이 던져주는 메시지 또한 완전히 새로운 것이었다. 런던에서 최첨단의 현대 미술관을 건립하는데, 최신 건축물을 짓는 게 아니라 옛 화력발전소 건물을 사용한

○

밀레니엄교에서 바라본 세인트 폴 성당

다는 것은 그 자체로 획기적인 사건이었다. 어쩌면 앞으로 나타나게 될 런던의 변화가 그 무렵 그곳에서 암시되고 있었던 건지도 모른다.

나는 최첨단 디자인으로 설계된 밀레니엄교를 건너며 세인트 폴 성당의 돔과 화력발전소 시절의 흔적인 테이트 모던의 굴뚝을 교차해서 바라보았다. 밀레니엄교의 한가운데서 런던의 중심이 북쪽에서 남쪽으로 넘어가고 있음을 목격한 것이다. 가장 고전적인 런던(당시에는 아직 그런 단어가 쓰이지 않았지만 지금 생각해보니 딱 들어맞는)과 아주 '힙'한 런던의 모습이 그곳에서 교차되고 있었다.

런던에 갈 때마다 새롭게 완공되어가는 고층 건물들과 최첨단으로 변해가는 남쪽 지역의 모습을 보는 것은 하나의 큰 재미였다. 근위병의 교대, 꽃 그림이 그려진 예쁜 잔에 차를 담아 마시는 오후의 티타임, 다이애나 황태자비의 아름다운 결혼식 장면을 상상해볼 수 있는 그 사랑스러운 런던의 기억은 희미해져가고 있었다.

높은 곳에 올라가 360도 전체를 훑어보면 크레인의 모습이 끝없이 이어진다. 방문할 때마다 달라지는 거리의 모습을 보며 흥분하는 것은 역시 개발시대를 살아온 한국인의 피가 나에게 여지없이 흐르고 있기 때문인 것 같다. 처음 런던 여행을 할 때, 그리니치에 가기 위해 시골 간이역 같은 분위기의 런던 브리지 역에서 기차를 탄 기억이 있다. 런던 브리지라는 어마어마한 관광 포인트를 가지고 있음에도 불구하고 낙후되어 있던 이 지역의 변화 또한 놀라울 정도다. 유럽에서 현재 가장 높은 빌딩인 샤드 타워가 들어섰고 인근은 초현대식으로 탈바꿈해버렸다. 옛 기억을 가지고 가면 내가 서 있는 곳이 그때 그곳인지 고개를 갸웃거리게 된다.

도시는 이렇게 팽창하고 새로운 것으로 가득가득 채워지고 있는데, 사람들의 삶은 과연 어떨까 하는 의문도 생긴다. 도심에 우후죽순 솟아오른 빌딩들, 어마어마한 주상복합 빌딩 속에서의 삶은 어떻게 바뀌었을까? 가드닝이 취미인 영국인들의 삶은 이 빌딩 숲에서 어떻게 변했을까? 영국인은 꽃 패턴, 클래식한 커튼, 전통적인 가구를 사랑한다고 생각했는데 이 최첨단의 도시 안에서 그런 문화는 계속 유지되고 있을까?

2010년대 초반, 당시 다니던 회사에서 진행하는 프로젝트 때문에 가끔 방문했던 런던의 모습은 나의 실생활과는 좀 동떨어져 있었다. 어마어마한 재력을 가진 클라이언트의 런던 중심가 펜트하우스 아파트 프로젝트는 그 당시의 나로서는 참 이질적이었다. 나는 그들처럼 런던의 고급문화를 즐길 수 있는 사람이 아니어서, 그들의 세계가 마치 드라마 속 세계 같기만 했다. 런던에는 이렇게 드라마와 같은 삶도 있었다. 그리고 그 반대편에는 어마어마한 집세와 부동산 폭등 속에 쪽방 생활을 감수해야만 하는 평범한 일반인의 삶도 있었다.

어느 도시나 마찬가지이겠지만, 런던이 지닌 양면의 모습은 너무나도 극명한 것이었다. 런던에서의 상위 문화화 하위 문화는 그토록 다른데도, 그럼에도 불구하고 한 도시에서 공존하며 새로운 트렌드를 생성하고 있기에 또 신기했다. 런던은 그런 도시인 것이다.

그곳에 가면 기분이 조크든요

어느 해인가, 주말에 런던에 간다고 하는 나에게 동료 크리스티나가 말했다.

"브릭레인에 가봐. 난 요즘 브릭레인 빈티지 숍에 종종 가곤 해. 날 좋을 때 야외에서 맥주 한잔 하면 기분 좋지."

그 이야기를 들었을 때는 정확한 의미를 이해하지 못했다. 런던에 동생이 있어서 자주 왔다 갔다 하는 그녀이기에, 새로운 정보를 주나 보다 싶었을 뿐이었다. 크리스티나 덕분에 처음으로 브릭레인에 가보았는데, 도시 성장의 뒷면에 숨겨진 또 다른 모습을 발견한 느낌이었다.

지하철에서 내려 도보로 쭉 올라가며 본 것들은 온통 인도, 파키스탄, 방글라데시 등에서 이주해와 정착한 듯 보이는 이들의 식당이었다. 이 길은 커리로드라고 불리기도 하는데,

커리를 메뉴로 하는 이민자들의 식당들이 늘어서 있기 때문이다. 초기 몇 군데 이민자 식당으로 시작된 이 길에는 현재 60여 개의 커리 레스토랑이 있고 커리 페스티벌이 열릴 정도로 특화된 거리가 되었다.

올드 트루먼 브루어리까지 가는 길에서도 또 하나의 새로운 문화를 목격할 수 있었다. 거리 곳곳을 가득 메운 그래피티들이 눈에 들어온 것이다. 소박하지만 이국적인 상점들과 좁은 골목, 오래된 건물들이 함께 어우러진 풍경은 브릭레인의 상징적인 모습이다. 군데군데 있는 작은 상점들과 빈티지 매장들의 꾸미지 않은 날것의 모습은 런던 시내의 다듬어진 아름다움과 비교되어 마치 다른 세계를 목격하는 듯했다.

오래된 벽돌 건물에 높은 굴뚝이 솟아 있는 트루먼 브루어리는 정돈되지 않은 모습을 하고 있는데, 이 시기 브릭레인에 문화적인 일대 사건을 일으킨 하나의 상징이라고 할 수 있다. 브릭레인은 도시의 중심에서 벗어난 가난한 이민자들의 마을이었고, 런던에서 소외된 구역으로서 최첨단의 도시개발에 편입되지 못한 지역이었다. 당연히 임대료도 쌀 수밖에 없었다. 과거 봉제 공장이나 각종 공장들이 밀집되어 있던 곳이어서 빈 공장이나 대규모 창고들이 많았다. 이곳에 가난한 예술가들이 모여들기 시작했다. 임대료 걱정이 적은 파라다이스를 찾아온 것이었다. 그들은 오래된 건물들에 그래피티로 자기

○

브릭레인의 커리 거리. 이민자들로 시작된 거리이다.

들만의 세계를 펼치기 시작했다. 가난한 마을에 모여든 가난한 사람들이 그들 나름대로 지역의 모습을 변화시켜나갔다.

하지만 더 큰 변화가 시작된 것은 올드 트루먼 브루어리가 복합문화공간으로 탈바꿈하면서부터였다. 이곳 브릭레인은 창조적인 문화 공간, 디자이너들의 꿈의 공간으로 변화하기 시작했다. 다양한 디자인과 새로운 예술 이벤트들이 생겨나면서 매력적인 지역으로 탈바꿈했다. 내가 브릭레인에 처음 갔던 것이 십여 년 전인데, 아마 그 시기가 힙한 젊은이들이 변화를 체험하고 즐기기 위해 몰려들던 때였던 것 같다. 나는 빈티지 마켓을 한참 뒤적거리다가 야외로 나와 스트리트 푸드와 맥주를 즐기며 이 새로운 문화에 흠뻑 젖어들었다.

그제야 크리스티나가 한 말의 의미를 깨달았다. 나에게 브릭레인에 가보라고 일러주었을 때, 그 말 속 한편에는 '나는 힙한 문화를 즐기는 사람이야'라는 나름의 자부심이 담겨 있었을 것이다. 최근 다시 유행어처럼 떠도는 X세대의 인터뷰 멘트 "이렇게 입으면 기분이 조크든요"의 의미가 그 안에 숨어 있었던 것이다. 창조적인 직종에 종사하며 안정적인 수익을 올리고 있는 그녀는 자신이 얼마나 쿨하고 트렌디한 사람인지를 내게 슬쩍 드러낸 셈이었다.

애초에 올드 스피탈필즈 마켓의 현대적인 변화로 인해 몰려든 중산층 쇼핑객들이 브릭레인으로 유입되면서 그 존재가 세상에 알려지게 되었다고 한다. 그들은 이민족이 거주하는 낙후 지역이 지닌 독특한 분위기에 매료되었다. 그리고 올드 트루먼 브루어리가 문화적 가치를 부여하면서부터는 런던의 가장 핫한 장소 중 하나가 되었다. 지금도 브릭레인 거리는 이러한 복합적인 현상들을 보여주고 있다. 어쩌면 이곳에 살고 있는 가난한 거주자들은 중산층의 호기심 어린 기웃거림에 대해 반가움 반, 걱정 반의 마음일지도 모른다. 어느 도시나 그렇듯이 젠트리피케이션 현상이 이곳에도 어른거리기 때문일 것이다.

도시의 오래되고 낙후한 공간은 비주류의 삶의 방식을 동경하는 주류들이 끼어들면서 일상화되고 상업화되곤 한다. 이렇게 주류가 합류한 브릭레인은 또 다른 변화를 보여주게 될 텐데, 나는 이후의 변화에 주목하던 중이었다.

선배의 런던 2주 살기 프로그램 이야기를 듣고 나는 기꺼이 며칠간의 런던 일정에 합류하기로 했다. 2주간의 일정 중에서 사흘 정도를 함께하기로 한 것이었는데, 같이 '힙한 플레이스'를 찾아 나서자는 것이 목적이었다. 앞두고 있는 프로젝트를 염두에 둔 계획이었다.

건축을 평생의 업으로 살아온 사람에게 최근 런던의 최첨단 변화는 필견의 목록 중 하나이지만, 도시 확장의 이면에 존재하는 또 다른 문화적인 측면을 살피는 것도 선배의 계획

중 하나였다. 나는 이런 계획에 전적으로 공감하고 함께 며칠을 보냈다. 열심히 구글링을 해서 '런던의 핫 플레이스', '런던 젊은이들이 모이는 곳', '런던의 가볼 만한 곳'을 서치했고, 우리가 의도한 곳이 밀집해 있는 지점들을 찾아냈다.

힙스터를 찾아라

새벽 비행기를 타고 밀라노에서 런던으로 날아온 나는 보름가량을 런던에서 생활하고 있던 선배와 선배의 동료를 리버풀 역에서 만나 브릭레인으로 이동했다. 올드 스피탈필즈 마켓을 기웃기웃 지나쳐 가다 보니 어느새 리버풀 스트리트 인근의 높이 솟은 현대적 건물들이 더 이상 보이지 않는, 자그마한 상점들이 즐비한 거리로 들어섰다. 아마도 현대적인 건물들과 프랜차이즈 매장들이 앞으로 서서히 브릭레인의 거리를 잠식해나갈 것이 분명해 보였다.

이미 여러 번 와보긴 했지만 변화해가는 과정을 보는 것 또한 도시를 여행하는 재미인 듯하다. 이른 오전이라 거리에는 사람이 많지 않아 한적했다. 곳곳의 그래피티를 배경 삼아 사진을 찍어대는 사람들도 거의 없는 차분한 평일 오전의 브릭레인은 지금껏 보아온 느낌과는 사뭇 달랐다. 처음 브릭레인에서 느꼈던 일종의 문화적 쇼크는 이제는 조금 완화된 느

○

브릭레인의 어느 곳에서나 그래피티를 볼 수 있다.

낌이었다. 어쩌면 아직까지 힙스터들이 모여들지 않은 아침의 정적인 모습 때문이기도 하고, 이제는 런던 힙스터의 거리라기보다는 런던 힙스터 문화를 구경하러 오는 관광의 거리가 되었기 때문이기도 했다. 이곳에 몰려든 관광객의 물결은 지역의 아이덴티티를 조금씩 희석시키고 있었다.

브릭레인에서 조금 더 이동하면 쇼디치로 연결되는데, 아지자기한 편집숍이나 갤러리 그리고 작은 식당과 카페들이 많이 위치해 있다. 브릭레인과 사실상 도보로 연결되어 있어서 같은 느낌의 연속으로 쇼디치의 올드 스트리트까지 닿을 수 있다. 브릭레인이 이방인들의 정착에 의해서 형성되었다는 특성이 있다면, 쇼디치는 영국 문화의 최고 긍지인 셰익스피어의 역사를 품은 곳이란 점에서 좀 다른 가치를 품고 있다.

1577년에 '더 커튼'이라는 극장이 이곳 쇼디치에 건립되었다. 이곳에서는 〈로미오와 줄리엣〉을 포함한 셰익스피어의 극들이 공연되었다. 셰익스피어 자신이 직접 연기에 참여하기도 했다. 이후 더 커튼은 현재의 셰익스피어 글로브가 있는 곳으로 옮겨가게 되었고 그 흔적마저도 점차 사라지게 되었다.

최근 더 커튼의 옛터에서 땅속에 묻힌 오래된 흔적들이 발굴되고 있는데, 이를 기리기 위해 새로운 극장이 세워질 계획이다. 쇼디치는 셰익스피어 이외에도 런던의 다양한 예술이 태동한 지역이다. 파격적인 디자인으로 영국의 하위 문화 방식

○

쇼디치는 계속해서 많은 변화가 일어나고 있다.
그래피티 뒤로 건축현장이 보인다.

의 표현을 과감하게 상위 문화화시킨 악동 디자이너 알렉산더 맥퀸이 이곳에서 활동했다. 뱅크시를 비롯한 많은 그래피티 예술가들이 남긴 다양한 작품들은 쇼디치의 자부심이기도 하다.

이곳은 현재도 런던에서 가장 스타일리시한 곳으로 불리며, 기존의 소외되고 낙후된 이미지를 점차 벗어나고 있다. IT 관련 시설들이 확장되고 있고, 셰익스피어의 극장을 비롯한 예술 문화 시설도 준비 중이다. 쇼디치가 이런 일련의 과정을 거치면서 오히려 과개발되어 정체성을 상실하게 되지 않을까 살짝 걱정도 된다.

런던 힙플레이스 탐방 이틀째에는, 2012년 런던 올림픽 이후 어마어마한 변화가 일어나고 있다는 스트랫퍼드를 체험해보기로 했다. 스트랫퍼드를 알게 된 것은 전날 스탠스테드 공항에서 버스를 타고 런던 시내로 들어가다 발견한 풍경 때문이었다. 낮은 주택들과 펼쳐진 초원을 바라보던 중 어느 순간 갑자기 최첨단 건물군이 신기루처럼 나타났던 것이다. 그곳이 바로 올림픽이 열린 당시 스타디움들이 밀집해 있던 스트랫퍼드였다.

스트랫퍼드의 번화한 구역을 지나 다리를 건넌 우리는 운하로 향했다. 언제나 그렇듯 도시 안에 물이 흐르는 곳은 과거에는 낙후지역을 의미했었지만, 최근에는 문화가 형성되는 곳으로 인식되고 있다. 밀라노의 나빌리오나 파리의 생 마르

탱 운하처럼 가난한 예술가와 젊은이들이 모여들고 어느 순간 도시에서 가장 힙한 곳으로 변화하는 모습을 볼 수 있다. 이곳 스트랫퍼드의 거대한 변화 옆에서 다른 변화를 겪고 있는 해크니 위크의 모습은 이방인의 눈에 아름답기 그지없었다. 그야말로 최근 들어 가장 힙한 느낌을 받은 곳이었다.

운하의 줄기를 따라 올라가다 보니 정박해 있는 보트들이 보였다. 유난히 날씨가 좋았던 그날은 강줄기를 따라 흘러가는 보트들도 많았다. 런던의 살인적인 물가 때문에 보트를 집 삼아 살고 있는 보트족들도 있다던데, 이곳 해크니 위크에 정박되어 있는 보트들이 바로 그런 용도로 사용되는 것이 아닌가 생각되었다.

보트에는 정원도 꾸며져 있고 힙스터들의 필수품인 자전거도 세워져 있었다. 햇볕이 들면 나와서 쉴 수 있는 의자도 배치되어 있었다. 운하를 따라 올라가다 도중에 정박된 보트 위에서 한 커플이 엎드린 채 차를 마시며 수다를 떨고 있는 모습도 볼 수 있었다. 그 자유로운 느낌이 너무 좋아서 한참을 바라보았다.

그들의 요트는 영화 속에 자주 나오는, 부자들이 샴페인을 마시고 요트 위의 풀장에서 파티를 하는 그런 고급스런 배가 아니었다. 버려진 것이 아닐까 의심될 만큼 오래된 요트들은 나름의 개성대로 꾸며져 있었다. 그래피티가 그려진 요트

해크니 위크 운하에 정박된 주거용 보트

도 많이 보였다. 살짝 엿본 요트 안의 집기들은 드라마 속 로망을 모두 깨트리는 것들이었다.

힙스터를 찾아 이곳에 왔는데 보람이 있었다. 진정한 힙스터들을 찾은 느낌이 들었기 때문이다. 타인의 시선을 의식하지 않고 자신만의 개성을 추구하는 사람들. 주류의 획일화된 라이프 스타일을 따라하지 않는 사람들. 보트 위에 엎드린 커플이 무슨 일을 하는지는 알 수 없어도, 어떤 종류의 삶을 추구하는지는 바로 알 수 있었다. 그들이 집시와 다른 것은 자유로운 삶을 추구하되, 떠돌지는 않는다는 점이다. 그들은 이곳 도시의 저변에서 도시가 주는 혜택을 당연히 받아들이며 그들의 공간을 마련하고 살아나간다.

이곳 해크니 위크의 뚝방길에 위치한 과거 창고나 낙후된 거주지로 사용되었던 곳들이 하나둘 펍과 카페로 변화하는 중이다. 최근에 많은 힙스터들이 찾는다는 브루어리 펍이 있는데, 우리는 그곳에서 수많은 맥주 중 뭘 마실지 한참 고민했다. 자신만의 맞춤형 맥주를 찾아 마시며 자유로운 분위기를 누리려는 힙스터들이 모여드는 곳이라는 실감이 절로 났다.

힙과 고전이 공존하는 런던

힙스터라는 말은 이제는 너무나도 흔하게 사용되는 단어

해크니 위크 운하의 풍경. 그래피티와 보트가 보인다.

이다. '힙'함을 추구하는 사람이기보다는 '힙'해 보이고 싶은 트렌드를 좇는 사람들이 어쩌면 더 많은 것이 현실일지도 모른다. '힙'한 요소들을 조합해서 인위적으로 만들어낸 공간들에 '힙'한 요소들을 찾아내 패션으로 장착한 사람들이 모인다. 하류 문화의 특성을 하나의 개성으로 트렌드화해 상업화하는 사람들의 천재성은 그야말로 놀랍다. 하지만 진정한 힙스터인지, 아니면 힙스터인 척하는 사람인지를 굳이 구분할 필요는 없을 것 같다. 문화는 그렇게 혼종으로 섞여서 새로움을 창조하는 것일 테니까.

런던이 어떤 곳인가? 버킹엄 궁전 앞에서는 매일 근위병의 교대식을 볼 수 있고, 각종 매체를 통해 화사한 의상을 입은 왕실 가족들이 손을 흔드는 사진을 일상적으로 접하는 곳이다. 왕실에 대한 애정 어린 캐릭터들도 도처에서 볼 수 있다. 오래된 왕실에 대해 무한한 애정을 가진 영국인들은 마치 과거의 전통 속에 영원히 그들의 삶을 맡기고 살아갈 것만 같다.

영화 속의 상황은 어땠던가. 〈킹스맨〉에서 주연 배우 콜린 퍼스는 환상적인 슈트핏으로 영국 신사에 대한 로망을 그대로 대변해주었다. 시대가 흘러도 변하지 않는 신사의 품격을 확인하며 뭇 여성들의 마음을 사로잡았다.

하지만 또 한편으로는 전설의 그룹 퀸이 "엄마, 나는 사람을 죽였어요"라는 가사를 노래한 곳이 영국이다. 펑크족의

○

여왕과 케이트 미들턴 캐릭터 상품.
왕실에 대한 애정을 느낄 수 있다.

고향 캄덴 타운에 들어서면 왕실의 화사한 컬러와는 완전히 대조적인 짙은 검은 가죽과 금속이 난무한다. 에이미 와인하우스는 이곳 캄덴 타운에서 약물과 마약에 찌든 삶을 살다 아쉽게도 천재 음악인의 삶을 일찍이 마감했다.

최근의 힙스터들은 콜린 퍼스의 말끔한 슈트가 아니라, 목 주변이 다 늘어져서 후줄근해진 속옷 같은 티셔츠들을 트레이드 마크인 양 걸치고 다닌다. 캄덴의 극단적으로 과격한 문화가 그들의 것이라고 할 수는 없지만, 귀족 교육을 받고 자란 듯한 정갈함에도 힙스터들은 불편함을 느낀다. 그 중간쯤에서 찾아낸 것이 그들의 새로운 힙스터 문화인 것이다. 런던의 이런 아이러니한 문화는 과거에도 존재했고 지금도 지속되고 있다. 이 양극의 문화 속에서 탄생하는 복합 문화야말로 런던의 가장 큰 매력 중 하나다.

왕정 시대의 전통에 따라 왕족과 귀족의 칭호를 가지고 살아가는 사람들이 있는가 하면, 유럽에서 가장 높은 빌딩을 자랑하는 도심에서 포스트모던의 삶을 살아가는 사람들도 있는 곳이 런던이다. 한편에서는 보트피플이 유유자적 살아가는 곳 또한 런던이다. 이들이 함께 살아가는 도시이기에 런던은, 내일은 또 무슨 일이 일어날지 자못 궁금해지는 곳이기도 하다.

런던의 중심 금융가에서 멀끔하게 양복을 입고 근무하는 한 젊은 청년은 주말 저녁이 되면 목이 늘어진 티셔츠를 입고 집을 나선다. 딱히 시력이 나쁘진 않기에 렌즈 없는 뿔테 안경을 걸치고, 자전거 페달을 밟아 해크니 위크의 운하로 달려간다. 그리고 펍에 들러 공간을 왕왕 울리는 음악을 즐기며 맥주 한 잔을 마시는 모습이 이젠 뜬금없지 않다. 그 주말, 젠틀맨은 사라지고 힙스터만 남는 것이다.

아트 앤드 크래프트,
발전을 멈추고 쉬어가자

라파엘 전파, 아름다운 시절을 회상하는 사람들

작년 가을에 밀라노 두오모에 있는 미술관인 팔라초 레알레에서 라파엘 전파(Raphael前派, 19세기 중엽 영국에서 일어난 예술 운동) 특별전이 열렸다. 런던의 테이트 브리튼에 주로 전시되어 있는 라파엘 전파의 그림들을 비롯해 다양한 작품들이 초대되었다.

전시의 타이틀은 '사랑과 염원'이었고, 포스터로 사용된 매혹적인 그림은 단테 가브리엘 로세티의 〈몬나반나〉였다. 그림 속 여인은 웨이브가 출렁이는 금발을 머리핀으로 살짝 고정해서 정갈함을 유지했다. 금색의 패턴이 있는 화려한 의상에 호박인 듯 보이는 긴 목걸이를 걸고 손에는 깃털 부채를 들고 있다. 그리고 초점이 있는 듯 없는 듯 누군가에게 무언의 신호를 보내는 듯한 무심한 눈빛을 하고 있다. 이 같은 그녀의 매력적인 눈빛이 담긴 낭만적인 그림은 호기심을 자극하기에 충분했다. 화가 단테 가브리엘 로세티는 화가이자 시인인데, 그의 그림 속 여인들에게서 낭만적인 시구절 같은 여운이 느껴지는 것은 아마도 그가 시인이기 때문이 아닐까 싶다.

1800년대 후반 영국에서 라파엘 전파 화가들의 활동이 시작되었는데, 이때 프랑스에서는 인상파의 화풍이 펼쳐지고 있었다. 라파엘 전파의 표현 방식은 인상파와 같은 시기에 존재했다는 것이 믿기지 않을 정도로 대조적인 모습을 보였다. 그런데 인상파의 영향력이 그 이후까지 지속된 것에 비해, 라파엘 전파는 짧은 시기에 나타났다 사라지고 말았다. 이로 인해 라파엘 전파에 대한 자료나 지식들이 인상파에 비해 부족한 것도 사실이다.

라파엘 전파는 이름에서 파악할 수 있듯이, 라파엘로 이전으로 돌아가자는 뜻이다. 르네상스의 대표적인 화가인 라파엘로 이전으로 돌아가자는 것은 중세 화풍으로의 회귀를 의미하는 것과 다름없다. 르네상스의 두 위대한 화가 미켈란젤로와 라파엘로가 이루어낸 화풍에 대하여 지나치게 학술적으로 접근하던 당시 상황에 반기를 들고 시작된 것이었다.

라파엘 전파 화가들의 그림은 감성적이고 낭만적인 표현 방식이 특히 두드러진다. 더욱이 자연에 대한 세밀하고 낭만

전시 타이틀로 사용된 가브리엘 단테 로세티의 작품 〈몬나반나〉 아트북.
뒤표지는 윌리엄 모리스 패턴으로 디자인되었다.

적인 표현들로 유명하다. 자연에서 얻어지는 영감과 장식적인 요소들을 통한 풍부한 표현력은 라파엘 전파의 그림에서 나타나는 특성이라고 볼 수 있다.

나는 존 에버렛 밀레이의 〈오필리아〉를 처음 보았을 때 숨을 죽이고 그림에 빠져들었다. 숲속의 연못에 떠 있는 오필리아의 창백한 얼굴은 너무도 슬퍼서 안타깝기만 하다. 그녀를 둘러싼 자연의 모습이 슬픔을 배가시키는데, 무성한 풀들이 엉켜 있고 그 아래로 드러난 흙이 연못으로 무너져 내릴 것만 같다. 그 가운데 떠 있는 오필리아의 화려한 드레스는 물에 젖어 점차 가라앉고 있다. 그녀의 손에는 꽃이 들려 있고 그녀의 치맛자락에도 꽃이 흩뿌려져 있는데 그 생생한 컬러는 살아 있는 듯하다. 꽃을 꺾다 연못에 빠진 한 소녀가 물 위에 떠오른 모습일까. 상상력을 자극하는 이 슬프고도 아름다운 그림은 라파엘 전파의 특징을 전형적으로 보여준다.

라파엘 전파 화가들이 이토록 감성적이고 낭만적이며 자연 회귀적인 그림을 그린 건, 아이러니하게도 산업혁명으로 인해 엄청난 변화가 일어나던 19세기 중반의 런던에서였다. 라파엘 전파는 회화에 있어서의 학술주의와 기계주의에 대한 반발로 시작되었지만, 그들이 진심으로 반항했던 것은 산업혁명의 성과로 인해 몰개성화되어가던 그 당시의 사회상이 아니었을까 추측해볼 수 있다.

존 에버렛 밀레이의 〈오필리아〉. 팔라초 레알레 밀라노 특별전에서.

윌리엄 모리스, 아이돌 로세티를 만나다

〜

　기계로 인한 생산의 극대화로 그 당시 영국은 폭발적인 경제성장을 달성했고 대량 생산이라는 신기원을 이루었다. 하지만 예술가들과 건축가들이 두려워했던 것은 기계 생산과 대량 생산의 체계 속에서 정교한 디테일과 예술적 가치가 점차 상실되어가는 것이었다. 그런 이유로 윌리엄 모리스의 주도하에 영국에서 '아트 앤드 크래프트(Arts and Crafts, 예술 수공예 운동)' 운동이 일어나게 되었다. 산업혁명으로 인한 시대의 변화에 대한 예술가, 디자이너, 건축가들의 두려움은 마치 시대의 흐름에 역행하는 듯 새로운 사조를 창조했다.

　아트 앤드 크래프트의 대표적인 디자이너이자 영국의 패브릭 패턴에 지대한 영향을 미친 윌리엄 모리스는 운명적으로 라파엘 전파의 가브리엘 단테 로세티를 만났다. 로세티가 화가이자 시인이었던 반면, 윌리엄 모리스는 문학을 전공했고 이후 디자이너가 되었다.

　로세티는 영국의 로열 아카데미에서 회화를 공부하다 중세의 세계에 빠져들었고, 윌리엄 모리스는 서양 고전을 공부하다가 중세의 세계에 빠져들었다. 산업혁명이 이루어낸 성과 속에 획일화되고 정형화되며 근본적인 아름다움을 잃어가는 회화, 건축, 장식에 대한 그들의 의견은 같았다. 그들은 시대를 회귀하여 그 속에서 아름다움을 다시 꺼내자는 동일한 이상을 품고 있었다.

모리스와 로세티에 관한 일화가 하나 있다. 모리스는 로세티보다 열 살 정도 젊다. 문학, 건축, 디자인 그리고 예술을 아우르는 그의 행적을 보면 세상의 모든 면에 대해 고민하는 한 천재의 삶이 그리 만만치 않았겠다는 생각이 든다. 모리스는 옥스퍼드에서 문학을 전공하던 시기에 로세티처럼 이미 중세의 매력에 빠져 있었다. 그 시기 모리스와 옥스퍼드에서 함께 공부하며 뜻을 같이하던 친구 에드워드 번 존스가 있었다. 모리스와 존스, 이 두 젊은 친구는 그들이 이상적으로 여겼던 중세의 매력이 뿜어져 나오는 로세티의 작품을 함께 만났다. 로세티는 모리스와 존스의 아이돌이 되었다. 그들은 로세티에게 편지를 썼고 그의 런던의 아틀리에로 초대받았다. 동경하는 아이돌을 찾아가듯 두 젊은이가 떨리는 발걸음을 했을 것을 생각하니, 나 또한 마음이 설레었다.

영웅을 만난 두 젊은이의 인생은 완벽하게 바뀌었다. 예술적 재능이 있는 존스는 로세티의 뒤를 이어 라파엘 전파의 화가가 되었다. 얼핏 보면 로세티의 작품 속 여인들과 존스의 작품 속 여인들이 잘 구분되지 않을 정도로 존스는 로세티의 영향을 받은 그림을 그렸고, 화려하고 장식적인 요소에 대한 특별한 애정을 보였다. 모리스는 존스에 비해서 예술적인 재능이 다소 부족했던 것 같다. 그 자신이 로세티를 계승하는 라파엘 전파의 화가가 되지는 않았지만, 대신 라파엘 전파의 이상을 디자인으로 실현하는 제품들을 구상하게 되었다.

부유한 중산층에서 태어나 경제적인 여유를 가지고 있었던 모리스는 'Morris & Co'라는 회사를 설립하고 라파엘 전파가 추구한 가치를 담은 제품들을 만들기 시작했다. 라파엘 전파의 아름다운 자연과 장식적인 표현은 모리스 스타일의 패턴들로 재탄생되었고, 그는 세상 모든 것에 그가 생각하는 아름다움을 부여하고자 했다. 특히 당시 산업혁명으로 인해 빠른 시간에 대량으로 생산되는 의류나 가구 같은 제품들은 그에게는 참을 수 없는 것들이었다. 중세 수공예의 문화를 되살리고, 아름다운 장식과 패턴을 다시 재현해내는 것이 모리스에게는 시대의 과제이자 삶의 즐거움이었을 것이다.

어쩌면 모리스는 직접 라파엘 전파의 일원이 되어 스스로 예술가의 일에 몰입하기보다는 그 예술을 디자인이라는 매체를 통해 일상의 삶 속으로 전파하는 일에 더 큰 의무감을 느꼈을지도 모른다. 공예 활동에 있어서도 공장 생산 제품이 아닌 예술적 가치를 가진 제품을 만들고자 했으니, 그에게 있어 예술은 작품 활동의 근간이고 수공예 방식은 주된 생산방식이었던 것이다.

기계적 생산방식에 대한 그의 회의를 시대착오라고 보는

Morris & Co 의 패턴이 보이는 리버티 백화점의 패브릭 매장

의견들도 있으나, 그 또한 기술 발전상의 제약이 있던 당시의 상황을 고려해야 할 것이다. 만일 윌리엄 모리스가 지금의 기술 단계에서 아트 앤드 크래프트 활동을 벌였다면 아마도 생산방식이 수공예 방식에 머무르지는 않았을 것이다. 기계 생산방식에 주목하며 그 안에서 예술적 가치를 얻을 수 있는 방법을 찾아내지 않았을까? 수공예보다 더 수공예스럽고 미적으로 완벽한 제품을 최첨단 기술의 도움을 받아 실현해내지 않았을까?

모리스의 역할이 더 중요해 보이는 이유는 그가 추구했던 스타일이 한 시기의 운동으로 끝난 것이 아니라, 지금도 지속적으로 이어지고 있기 때문이다. 현재 영국의 디자인에 영향을 주었을 뿐만 아니라 일반인들의 삶에도 깊숙이 침투해 있다.

산업혁명이 영국보다 늦게 시작된 독일은, 당시 가장 시급한 문제였던 후진성을 벗어나기 위해 뒤돌아볼 틈도 없이 생산량을 늘려가고 있었다. 독일인들에게 기능성이 가장 큰 미덕이었던 것은 지체된 산업혁명을 만회하기 위해 단시일 안에 경제 부흥을 이루어야 한다는 절박함 때문이었을 것이다.

반면 가장 먼저 산업혁명이 일어난 영국은 독일과 같은 다른 후발 국가들이 산업혁명의 궤도에 오르던 시기, 이미 산업혁명의 부작용을 깨닫고 있었다. 그들은 속도를 늦추고 과거의 미적 개념을 돌아보았으며, 옛 수공예 제품이 지녔던 아름다움을 회상하기 시작했다. 모리스의 디자인을 통해 과거의 아름다움이 일상 속에서 되살아났다.

시대를 거슬러 올라가 되찾은 이 미적 요소는 영국인들에게 새로운 미의식을 불러일으켰다. 회귀된 장식적 아름다움은 영국인들의 삶 속으로 파고들었다. 이 시기부터 영국을 대표하는 패턴으로 체크무늬와 함께 윌리엄 모리스의 아트 앤드 크래프트 패턴이 자리하게 되었다. 꽃과 식물을 도식화하고 반복적으로 배치한 패브릭을 생산해내면서 영국 특유의 다양한 텍스타일을 탄생시켰다. 일상의 삶에서 텍스타일이 적용되는 범주를 생각해보면 그 영향력이 얼마나 큰지 쉽게 알 수 있다. 의류는 물론, 가구, 생활 소품, 벽지, 커튼 등 모리스의 영향력이 미치지 않은 곳을 찾아보기가 힘들다.

리버티와 윌리엄 모리스의 환상적인 파트너십

⌇

리버티 백화점을 올해 초에 다시 찾았다. 런던에서 열린 어페럴 페어를 방문한 김에 원단 관련 자료를 수집하기 위해서였다. 가장 번화한 옥스퍼드 스트리트에서 살짝 방향을 틀어 안쪽으로 들어가면 이미 범상치 않은 외관만으로도 리버티 백화점에 도착했다는 걸 알 수 있다. 목재 구조물들이 밖으로 드러나 흰 벽과 대조를 이루고 있는 이 독특한 건축물은 이 일대에서 이질적인 모습을 하고 있는데, 바로 튜더양식으로 지어졌기 때문이다.

하지만 리버티 백화점이 튜더양식으로 지어졌다고 해서 15~16세기에 지어진 진짜 튜더 시대의 건물이라고 생각하면 오산이고, 이 건물이 그 정도의 긴 역사를 가진 것은 아니다. 1924년에 건립되었으니, 바로크 양식의 외관을 가진 경쟁 백화점 해롯이 지어진 1905년보다도 더 이후이다. 리버티는 건립 당시 미적 요소로서 튜더양식을 채택한 것이다. 즉 15세기 후반에서 16세기의 미적감각으로 회귀해 만들어진 외관인 셈이다.

공공 건축이 아닌 상업적인 목적으로 만들어지는 건물의 미적 요소를 결정 짓는 가장 중요한 요소는 무엇일까? 건축가가 추구하는 스타일이나 시대적인 유행도 물론 중요하겠지만, 아무래도 건축주의 취향이 가장 중요할 것이다. 바로크 시대 이후 이렇다 할 특별한 사조 없이 혼재된 건축양식이 존재하던 영국에서 리버티 백화점은 튜더양식으로의 회귀를 추구했다. 튜더양식은 르네상스 이전 고딕 시기에 영국의 특정 건축물들에 적용된 양식인데, 당시 회화 분야에서 라파엘 전파가 갈망했던 르네상스 이전의 세계와 시기적인 공통점이 있는 셈이다.

리버티 백화점 안에 들어가면 중정이 뚫려 건물의 전층을 한눈에 볼 수 있는데, 목조 건축의 아름다운 구조물들이 시야에 들어온다. 사실 외부에서 보면 어두운 목재와 흰 벽의 조화가 두드러져 디테일한 부분들이 눈에 쉽게 들어오지 않는다. 그런데 내부로 들어오면 다양한 세부 디테일에 또 한 번 놀라게 된다. 기둥과 보를 연결하는 가세(브레이스)의 유연한 곡선이나 장식적인 요소들로 인해 이 건축물에 적극적으로 아르누보 양식이 적용되었음을 쉽게 파악할 수 있다. 자연을 모티프로 삼은 자유로운 곡선의 표현이나 모든 나무 패널에 적용된 섬세하지만 무겁지 않은 몰딩은 리버티 백화점에서 판매되는 화려한 제품들에게 환상적인 환경을 제공하고 있다. 1975년 설립된 리버티라는 회사는 정체성을 가진 패브릭 제품의 생산은 물론, 그에 어울리는 공간을 함께 보여주며 아트 앤드 크래프트 운동의 한 페이지를 장식했다. 이탈리아에서는 아르누보 양식의 건물을 영국식으로 '리버티 스타일'이라고 칭하는데, 바로 리버티 백화점의 명칭을 딴 것이다. 당시 리버티 백화점의 영향력을 알 수 있는 대목이다.

설립자 아서 리버티(Arthur Liberty)가 이 리버티 런던을 처음 설립한 1874년 당시부터 아트 앤드 크래프트 양식이 사업의 주된 콘셉트로 사용된 것은 아니었다. 이들이 다룬 주된 제품은 일본이나 동양에서 온 장식품들, 실크 같은 패브릭 소품들이었다. 19세기 빅토리아기에 해가 지지 않는 나라로 불릴 만큼 지구상 곳곳에 식민지를 두고 있던 영국이었으니, 당연히 전 세계의 수없이 많은 제품이 나라 안으로 흘러들어왔다. 새

○

리버티 백화점 내부의 모습. 아르누보 양식의 데커레이션을 볼 수 있다.

로운 것들, 이국적인 것들에 대한 요구는 그 시기의 당연한 흐름이었다. 특히 인도와 같은 식민지를 통해서 들어오는 실크 같은 패브릭 제품은 큰 이윤을 남기는 상품이었다. 더군다나 산업혁명 이후 런던의 성장을 전 세계에 뽐낸 1851년의 만국박람회를 통해 역으로 들어온 전 세계의 다양한 문화들은 영국인들을 매료시키기에 충분했다.

리버티는 초기의 이러한 사업 방침에서 조금씩 방향을 틀어 점차 가구나 의류에 적용되는 패브릭의 영역으로 사업을 확장해나갔다. 이 시기 중요한 클라이언트 그룹 중 하나가 바로 라파엘 전파였다. 여기서 또다시 운명적으로 리버티는 아트 앤드 크래프트 운동의 중심으로 들어가게 되었다. 라파엘 전파와 아트 앤드 크래프트, 그리고 리버티의 삼각 구도는 리버티에 큰 변화를 일으켰다. 1924년 건립된 리버티 백화점이 고전에 대한 낭만을 떠올리며 튜더양식의 건물로 세워지고 아르누보 양식의 장식과 구조물이 가득한 내부의 모습을 갖춘 것은, 리버티가 바로 이 시기 라파엘 전파와 아트 앤드 크래프트 디자이너들과 얼마나 밀접한 관계를 맺고 있었는지를 보여준다.

리버티가 해외에서 만들어진 소품이나 패브릭을 구비해서 판매하던 초기의 방식에서 벗어나 직접 자신의 브랜드 텍스타일을 만들기 시작한 데는 윌리엄 모리스의 역할을 빼놓을 수 없다. 라파엘 전파의 예술세계를 디자인으로 형상화했던 모리스는 계속해서 그가 꿈꾸는 세계를 창조해나갔다. 그 시기 사업의 방향과 일치한 리버티와의 관계가 없었더라면 아마 윌리엄 모리스 패턴의 대중화는 그 여정이 보다 험난했을 것이다. 성공적인 비즈니스 협업 모델을 구축한 리버티와 윌리엄 모리스 패턴은 리버티 원단의 시작이 되었다.

리버티 백화점에 들어서면 1층과 2층에는 의류나 향수 또는 다양한 종류의 인테리어 소품들을 판매하고 있다. 그리고 3층과 4층에 올라가면 리버티의 출발이라고 할 수 있는 텍스타일 제품들을 만날 수 있다. 수없이 많은 원단들이 말려 있고, 원하는 사이즈에 맞추어 구매도 가능하며 각종 봉제 부자재들도 가득하다. 매장을 가득 메운 화려한 꽃 패턴들의 리버티 원단들은 꽃밭이 부럽지 않을 정도다. 직접 끊어서 파는 원단들은 당연히 적용되는 제품에 따라 다양하다. 의류용 원단도 있고 가구용 원단도 있다.

직접 끊어서 파는 원단들 외에도 리버티 원단을 적용한 의상들이나 인테리어 제품들도 있다. 커튼, 테이블보는 물론이고, 의자 등의 가구까지 리버티 원단이 적용되는 방식은 실로 다양하다. 이 다양한 패턴과 색상들을 찾아내 어울리는 것을 골라내고 매치시키는 안목도 사실은 놀라운 것이다. 리버티 백화점에서 찬찬히 세심하게 구경하면서 빙글빙글 돌다 보면 시간이 빛의 속도로 지나가버린다.

리버티 원단의 판매 공간

이 패브릭 천국에서 가장 고가이면서도 언제나 사랑받는 것이 바로 윌리엄 모리스의 제품들이다. 윌리엄 모리스의 패턴은 시대를 넘어 가장 성공적이고 사랑받는 패턴이 된 것이다. 나는 모리스가 추구했던 예술적 가치를 이해한 최고의 파트너 리버티의 역할이 컸다고 생각한다. 윌리엄 모리스의 패턴이 패턴북에 남아 있는 유물이 아니라, 생명력을 가진 제품으로 영원히 우리의 일상 속에 살아 있기를 바란다.

꽃무늬가 촌스럽다고요?

영국의 꽃무늬 가방과 소품으로 국내에 선풍적인 인기를 모았던 캐스키드슨이라는 브랜드가 있다. 역시나 꽃무늬 패턴의 가구 및 인테리어 소품으로 유명한 로라애슐리를 떠올리면 영국인들이 얼마나 낭만적인 패턴에 애착을 가지고 있는지 알 수 있다. 물론 모리스의 패턴과는 느낌이 다르기는 하지만, 꽃과 식물에서 가져온 자연 모티프의 낭만성은 영국인들이 결코 놓치고 싶어 하지 않는 감성이다. 그들만의 라이프 스타일로 정착되었다 해도 과언이 아닐 것이다.

빈티지 가구와 전원풍의 꽃무늬 패턴 제품을 만들어 팔던 캐스키드슨이라는 여성이 자신의 이름을 따서 만든 캐스키드슨은 지금은 국제적인 브랜드가 되었다.

어느 해 런던의 한 작은 주택을 개조하려는 젊은 커플의 의뢰를 받아 디자인의 방향을 논의한 적이 있다. 가구에 대한 아이디어를 나누는 중에 부인이 "로라애슐리 스타일로 해주세요"라고 요구했다. 30대 초반의 세련된 여성이 추구하는 스타일이 '로라애슐리'라니. 마치 한국에서 "프로방스 스타일로 해주세요"라고 주문하는 클라이언트를 만난 느낌이었다.

이런 종류의 디자인과 제품에 대해 폄훼하려는 게 아니다. 가끔 모더니티 디자인의 과정을 깔끔하게 좇아가는 이탈리아에서의 환경에 몰두해 있다 보면 이런 주문들에 숨을 고르고 고민할 때가 있다. 이것은 분명 나의 편견 때문임을 알고 있다. 캐스키드슨이나 로라애슐리의 패턴이 갖는 낭만성을 내 삶에서 느끼지 못한 까닭에 촌스럽게 보인다는 것도 알고 있다. 하지만 세상에 어떤 것을 촌스럽다고 정의하고 어떤 것을 세련됐다고 단정 지을 수 있을까? 로라애슐리가 가지고 있는 고전적인 곡선의 요소들은 첨단의 모던한 디자인 제품을 추구하는 사람들에게는 다소 촌스럽게 여겨질 수도 있다. 하지만 과거의 것으로부터 낭만성을 불러오려는 그들의 취향 또한 영국 디자인 발전 과정에서 파생된 것임에 분명하다.

아트 앤드 크래프트를 통해 급속한 모더니티를 잠시 멈춰 세우고 숨을 골랐던 영국인들에게 그것은 과거로부터 다시 되찾은 그들만의 아름다움이기 때문이다. 사실 캐스키드슨 가

○
리버티 백화점 내의 인테리어 소품 매장.
낭만적인 패브릭 취향을 볼 수 있다.

방을 선물 받는 바람에 가지고 다녔는데, 꽃 패턴이 은근 어느 복장에나 어울렸다. 특히 단순한 디자인의 옷을 입을 때 즐겨 들고 나가곤 했는데, 정말이지 꽃 패턴의 중독성에 서서히 빠져들더니 어느 순간부터 나는 패브릭 패턴이 주는 즐거움에 사로잡히기 시작했다. 나 또한 그 세계를 디자인으로 표현할 수 있는 방법을 모색 중이다. 패턴과 컬러를 두려워하면, 눈앞에 안개가 끼기 시작한다. 패턴과 컬러를 몰라서 블랙 앤드 화이트의 미니멀을 선호하는 것과 패턴과 컬러에 대한 통찰을 바탕으로 블랙 앤드 화이트를 선택하는 것은 분명 다른 일이다.

최근 나는 직접 디자인을 하는 일보다는 디자인 제품과 브랜드를 소싱하고, 큐레이팅하는 일에 좀 더 집중하고 있다. 주로 주거와 관련된 가구나 디자인 소품, 또는 원단과 같은 제품들을 다루고 있다. 물론 이탈리아의 제품과 브랜드가 주된 대상이기는 하지만, 단순히 거기에 국한된 것은 아니다. 그것은 단순히 만들어진 제품을 사고파는 과정이 아니라, 작은 디테일 하나, 작은 패턴 하나에서 역사적인 연관성과 스토리를 찾아가는 과정이라는 말이다. 시대적인 연관성을 갖지 않은 디자인은 존재하지 않는다. 새로운 패턴이 탄생하고 진화해가는 경로도 역사의 한 과정과 밀접한 관련이 있는 것이다. 나의 일은 그런 과정을 직접 경험하고 체험하는 것이라 언제나 즐겁다.

Germany

4

독
일

왜냐하면 당신은 쾰른에
살고 있으니까요

긴 겨울을 이기려면 카니발에 가야 한다

"언니, 우리 쾰른 카니발에 가요!"

길고 지루한 이탈리아의 겨울을 이겨내는 것은 웬만한 각오로는 쉽지 않다. 겨울이 다가오고 해가 짧아지는 11월이 되면, 올해는 또 어떻게 겨울을 나야 할지 한숨부터 나오곤 한다. 이탈리아라고 하면 사계절 태양이 빛나는 그런 날씨를 상상하는 사람들도 많지만, 알프스산맥을 머리에 이고 있는 롬바르디아 평원에 위치한 밀라노는 겨울철이면 먹구름이 오락가락하며 꾸준히 비를 뿌린다.

이렇게 늦가을부터 우기가 시작되면 4월의 부활절이 될 때까지 계속해서 심술궂은 날씨와 싸워야 하므로 마음을 단단히 먹고 겨울을 맞이해야 한다. 12월이 되면 그럭저럭 크리스마스와 새해를 기다리며 그래도 뭔가 희망을 가지고 한 달을 시작하게 된다. 크리스마스와 함께 꿀맛 같은 겨울 휴가도 찾아오니까. 하지만 새해가 되어도 우기는 계속되고 겨울은 여전히 지루하다.

지루한 겨울의 끝자락에서 뭔가 신나는 일이 없을까 생각하다가 나는 단짝 언니와 함께 주말에 쾰른으로 향했다. 삼 년 전 쾰른에서 목격한 카니발의 광기를 다시 한 번 느껴보고 싶어서였다. 우리는 쾰른 역에 도착하자마자 쇼핑가를 한 바퀴 돌았다. 이미 쾰른 시내는 카니발 복장을 차려입은 사람들이 거리를 활보하고 있었다. 카니발 의상을 전문적으로 판매하는 매장들은 쇼핑객으로 가득했다. 카니발이 이미 시작되었는데 복장을 미리 준비하지 못한 사람들은 분주히 움직였다. 카니발 전문 매장이 아니더라도, 액세서리나 일반 옷가게들도 카니발과 콘셉트가 맞는 옷들을 찾아 나선 사람들로 분주했다.

의상과 액세서리, 메이크업 재료들과 가발을 사서 숙소로 들어갔다. 그리고 치장을 마치고 카니발을 즐기러 시내로 나갔다. 이탈리아에도 물론 베니스 카니발이나 비아레조 카니발 등 다양한 카니발이 있지만, 내가 경험해본 것 중 가장 난리법석이었던 게 쾰른 카니발이었기에 스트레스 해소용 카오스 카니발을 찾아 밀라노에서 쾰른까지 원정을 떠난 것이었다.

엉망진창 쾰른에서의 새로운 시작

그해 6월 중순경 쾰른으로 이사를 갔다. 이탈리아는 6월이면 찬란한 계절을 마음껏 만끽하는 때다. 아직 7월이나 8월처럼 극심한 더위도 없고, 산으로 바다로 놀러 다니기에도 너무 좋은 계절이다. 그런 6월에 이탈리아를 떠나는 것이 정말 아쉬웠지만 새로운 생활을 찾아 기꺼이 독일로 향했다.

쾰른에 도착하자마자 해결해야 할 일들이 너무 많았다. 은행 계좌를 만들어야 했고, 관할 관청에 가서 주민등록을 해야 했으며, 체류 허가를 받고 전화와 인터넷도 신청해야 했다. 그리고 이탈리아에서부터 가지고 온 자동차의 번호판도 바꿔 달아야 했다.

독일은 어디나 비교적 영어가 잘 통하는 곳이지만, 관공서 일을 보려면 독일어가 꼭 필요하다. 가끔 영어가 되는 공무원을 만날 수도 있지만, 대부분은 그렇지 못하고 관공서에서는 독일말을 쓰는 것이 원칙이다. 주변의 도움 없이 이 모든 일을 하나하나 해결해보려고 했는데, 그리 쉬운 일이 아니었다. 언어 문제도 있었지만, 독일은 모든 것이 일사천리일 거라 믿었는데 그렇지 않은 부분도 너무 많았다. 정말 우리나라와 같은 빨리빨리는 세상 어디에도 없구나, 새삼 깨달았다.

동료들에게 "독일은 뭐든 체계적으로 시스템화되어 있

는 줄 알았는데 그렇지 않아서 놀랐다"고 불평을 토로했다. 내 옆자리의 동료 안드레아는 하노버 출신이었는데, 아주 심플한 답을 내놓았다.

"왜냐하면 너는 쾰른에 있거든. 쾰른은 엉망진창이야. 쾰른에서는 모든 것이 느리고 체계가 없지."

그 말에 한참 웃었다. 아! 독일 같은 나라에도 그런 것이 있구나. 마치 이탈리아 북부 사람들이 남부 사람에 대해 이야기하는 그런 느낌이었다. 그 순간, 다행이라고 생각했다. 뭔가 숨 막히는 듯한 독일에 왔다고 생각했는데, 그래도 내가 있는 데가 독일에서 가장 인간적인 곳이었던 모양이다. 그녀의 말에 오히려 나는 안심했다.

신변 정리가 모두 끝난 7월 초, 여름임에도 불구하고 여전히 걸핏하면 비가 흩날리는 쾰른에서 회사 생활을 하면서, 틈틈이 도시 탐험을 시작했다. 아직 익숙하지 않은 도시이기에 성당을 비롯해 여러 관광지를 돌아보던 중, 카니발 박물관이 쾰른의 중요한 관광 포인트라는 것을 알게 되었다.

독일 사람들은 성격상 이탈리아인들처럼 쉽게 친해지지 않기 때문에 꽤 오랫동안 어색한 회사 생활이 지속되고 있었다. 어느 날 주말에 뭘 하면 좋을지 고민하는 내게 옆자리 동료가 기다렸다는 듯이 "카니발 뮤지엄에 가봤어?"라고 물었다.

카니발 뮤지엄? 그 앞을 지나간 적은 있는데 들어가보진

○

쾰른 사무실에서 올드타운을 바라보면 멀리 성당의 첨탑이 보인다.

않았다. 카니발이라는 것이 뮤지엄에까지 들어가서 봐야 하는 것인가? 이탈리아에도 카니발이 있긴 하지만 몇몇 특별 행사를 하는 도시들을 제외하면 그저 어린이들의 가장행렬 정도가 큰 볼거리라서 카니발로서의 의미는 많이 퇴색했다고 볼 수 있다.

이탈리아의 유명한 카니발을 꼽자면 가장 중요하고 세계 적으로 유명한 것이 베니스의 카니발이다. 이 시기에 베니스 를 가게 되면 카니발 가면과 화려한 파티 의상을 갖춰 입은 사 람들을 곳곳에서 만날 수 있다. 그들이 아름다운 베니스 거리 를 다니는 걸 보는 것만으로도 특별한 경험이 된다. 물론 그들 과의 기념 촬영은 필수다. 관광객으로서 누릴 것은 대략 그 정 도인 것 같다.

이탈리아의 카니발도 그렇게 특별할 건 없다고 생각했는 데, 이 심심하고 지루하기 짝이 없는 독일의 카니발이 뭐 얼마 나 대단할까? 쾰른 카니발은 뭐가 다르기에 가장 먼저 카니발 에 대해 물어본 것일까 하는 호기심이 생겼다.

새로운 곳에서의 생활도 조금씩 적응이 되어가고, 8월 의 짧은 여름도 물러갔다. 가을이 깊어가는, 아니 이미 겨울 같 은 도시에 갑자기 떠들썩한 기운이 퍼지기 시작했다. 카니발 의 시작이 선포된 것이다. 뭐야, 11월인데 카니발이 시작된다 고? 일반적으로는 2월에야 카니발 시즌이 시작되는데, 11월부 터 시작이라는 게 당최 무슨 이야기인지 알 수 없었다. 오스트리아에서 온 동료 한 명이 소리쳤다. "오늘부터 시작이야!"

점심시간에 은행에 들를 일이 있어 시내로 나갔다. 내가 일하던 사무실은 퀼른 대성당에서 5분 거리에 있는 금융가에 있었다. 사무실이 위치한 거리는 조용하지만 조금만 걸어 나가면 금방 관광객과 만나게 되는 그런 곳이었다. 사무실에서 나와보니 시내가 온통 떠들썩했다. 거리 곳곳에 카니발 복장을 차려입은 사람들의 모습이 보이고, 맥주 가게마다 사람들의 긴 행렬이 이어지고 있었다.

퀼른은 11월에 카니발이 시작된다. 정확히 11월 11일 11시에 퀼른 시장의 공식 선포로 시작되는데, 이때 시장은 시의 열쇠를 퀼른 시민들에게 넘겨준다. 퀼른 시는 이제 시장이 아닌 광대들과 시민들에게 넘어간다. 본격적인 카니발까지 삼 개월간 퀼른은 오로지 이곳에만 있는 제5의 계절이 이어지는 것이다. 시청 앞 광장에서는 "퀼레 알라프(Kölle Alaaf, 퀼른이여 영원하라)"라는 외침이 울려 퍼진다.

그렇다고 해서 11월 11일부터 본격적인 카니발이 시작되는 2월까지 매일 이렇게 축제를 벌이는 것은 아니다. 이날은 카니발 시즌을 알리는 상징적인 행사인 셈이다. 이 시기부터 2월의 카니발까지 종종 카니발 복장을 하고 파티를 즐기는 사람들을 볼 수 있지만, 일상이 항상 떠들썩한 축제 상태는 아닌 것이다. 독일의 가장 지루한 시즌인 11월부터 2월까지 그 침울한

○

오전 11시부터 맥줏집 앞에 줄을 서 있는 사람들

겨울을 이겨내기 위해 쾰른 시민들이 만들어낸 것이 이 제5의 계절인 셈이다. 이 시기엔 살짝 흐트러져도 용서가 되니, 무겁게 짓누르는 겨울의 날씨 속에서 그렇게 마음의 여유를 찾는 것이다.

문득 타 도시에서 온 동료가 말한 "쾰른은 엉망진창"이라는 말의 의미가 슬슬 이해되기 시작했다. 다른 지역에 비해 엉망진창이지만 열정적인 쾰른 시민들은 카니발을 일찌감치 선포하며 일탈의 삼 개월을 꿈꾸는 것이다.

로마인도 나처럼 이탈리아에서 독일로 이사 왔다

쾰른으로 차를 몰고 이사를 오던 날을 떠올려보았다. 밀라노를 출발해 스위스를 거쳐 독일로 거슬러 올라왔다. 스위스를 지나고 독일 남부에 접어들면서부터 평원이 펼쳐진다. 이때부터 잘 뚫린 고속도로를 생각 없이 내달리다 보면 나도 모르게 180킬로미터 정도로 달리게 되는데, 내 작은 차로는 조금 두려움이 느껴지는 속도다. 달리 아우토반이 아닌 것이다.

고저도 없고 커브도 심하지 않은 지역을 한없이 달리다 보면 어느 순간 구릉의 지형이 나타난다. 조금 더 달려 프랑크푸르트 인근까지 가면 완만한 구릉 지역과 함께 아름다운 풍경들이 펼쳐진다. 여기가 바로 독일의 주요 와인인 모젤 와인

이 생산되는 지역이다. 구릉과 강줄기가 어우러지는 이 지역은 와인 생산에 안성맞춤인 곳이다. 로마인들이 도착했을 때, 그들은 자기네 삶의 문화도 함께 가져왔다. 로마의 와인 생산 기법과 와인을 즐기는 삶의 방식을 이 지역에 이식한 것이다.

거기서 두어 시간 더 계속 올라가다 보면 삐죽이 솟아오른 두 개의 탑을 가진 성당이 보이는데, 바로 쾰른 대성당이다. 쾰른, 이탈리아어로 콜로니아. 나는 드디어 로마의 식민지에 들어서고 있었다. 콜로니아는 '식민지'라는 뜻이다. 이 콜로니아라는 단어가 변화해서 쾰른이라는 현재의 명칭이 되었다.

쾰른이 식민지라는 명칭을 갖게 된 것은 쾰른의 역사와 깊은 연관이 있다. 서기 50년 로마인은 북쪽으로 올라와 이곳 라인강 근처의 평원에 그들의 도시를 건설했다. 지금의 식민지라는 단어는 수탈과 침략의 의미가 포함되어 있어서 부정적인 느낌을 주지만 로마 시대의 식민지의 의미는 조금 다르다. 로마의 식민지라는 것은 로마의 화려한 문명이 이곳에 진출했음을 알리는 역사적인 의의를 가지고 있다. 따라서 유럽에서 로마의 유적이 발견되면, 그것은 그 지역이 로마의 식민지이자 첨단의 문명을 누린 곳이라는 증거가 된다.

쾰른은 로마인의 자유로운 사고와 문화적인 활기가 넘치는 곳이었다. 쾰른 사람들은 로마의 도시라는 자부심을 가지고 있었고, 천주교의 영향을 받기도 했다. 종교개혁 이후 독

모젤 강 인근의 포도밭 풍경

일이 신교 중심의 국가가 되었음에도 불구하고 쾰른은 구교의 전통이 아직도 깊이 남아 있다.

쾰른은 프랑스혁명 이후 나폴레옹의 지배하에 들어갔다가 프랑스가 물러가면서 프로이센에 속하게 되었다. 쾰른 사람들은 로마 문화와 프로이센 문화의 충돌을 겪어야만 했다. 북부의 로마 또는 로마의 최북단이라는 자부심을 가진 쾰른인들에게 북방의 프로이센은 문화를 갖지 못한 보잘것없는 존재들이었다. 반면 엄격한 신교와 군사 문화에 기반을 둔 프로이센이 보기에는 쾰른인들은 무질서한 존재였다.

아마도 이런 역사적인 과정 때문에, 쾰른인들에게 무질서의 이미지가 그대로 물림되고 있는지도 모른다. 그리고 실제로 자치행정이 자리 잡은 독일 사회에서는 그 지역의 성격이 행정에도 어느 정도 반영될 수 있겠다는 생각이 든다.

아이러니하게도 이 엉망진창의 쾰른 카니발은 프로이센의 지배하에서 시작되었다. 아니, 엄밀히 말하자면 시작된 것이 아니라 새로운 정신으로 부활했다고 볼 수 있다. 카니발의 전통이 민속행사처럼 계승될 수 있었던 것은 바로 가톨릭의 전통에서 기인하는 것이었다. 부활절 직전의 금욕 기간을 맞이하기 전, 마음껏 고기와 세속의 음식들을 먹고 마시는 사육제의 전통이 로마의 도시이자 가톨릭의 도시인 쾰른에서 해마다 이어졌을 것이다. 어느 시점이 되면 이 카니발의 전통은 종교적 의미를 기린다기보다는 하층민들이 먹고 마시며 즐기는 행사로 자리매김하게 된다. 쾰른이 프로이센의 지배하에 있던 시기, 쾰른의 유지들은 가톨릭 전통의 카니발 문화를 자유국가로서의 독자성을 계승하는 상징으로 삼기로 결심했다. 쾰른의 시민이자 유지인 열한 명은 위원회를 조성하고 전통에 기반을 둔 카니발을 재탄생시켰다. 이들은 자유로운 사상과 교양, 그리고 경제력을 갖춘 사람들이었다. 이들에 의해서 쾰른 카니발은 가톨릭의 전통과 교양을 갖춘 행사로 철저하게 프로그램화되었다. 또한 전 시민이 다 같이 참여하는 행사로서 그 새로운 시작을 알리게 되었다.

카니발이 선포되는 11월 11일 11시는 이들 11인을 기리는 의미를 담고 있다. 그때부터 시작된 카니발은 프로이센이 아니라 쾰른 시민이 이 땅의 주인이 되리라는 것을 암시했다.

나의 쾰른 카니발 충격 리포트

11월 카니발의 시작이 선포되고, 크리스마스와 새해 분위기가 잦아들면 본격적인 카니발 시즌이 시작된다. 이미 동료들은 카니발을 어떻게 준비할 것인지 몇 주 전부터 대화를 나누고 있었다. 해마다 사무실에서는 카니발을 시작하는 날, 다 같이 파티를 하고 시내로 나가 즐겼다고 했다.

서로 어떻게 모습을 꾸밀 것인가 의견을 나누는데, 카니발이 처음인 나에게는 딱히 떠오르는 게 없었다. 이전 카니발 행사 때의 동료들 사진도 보고 인터넷도 찾아보았다. 처음으로 맞이하는 카니발에 마음이 설렜지만, 가장행렬의 사람들을 구경해본 적은 있어도 스스로 카니발 복장을 준비해본 경험은 없던 터라 한편 걱정도 되었다.

카니발 시작을 며칠 앞두고는 퇴근하면 시내에 나가 카니발 전문 매장을 다니며 구상을 했다. 콘셉트를 정하고 필요한 것들을 구매하고 내가 가진 것을 활용할 수 있는 방안들을 생각해보았다.

카니발 첫날 아침, 마음이 너무 분주했다. 아침 일찍 일어나 말도 안 되는 복장을 입고, 가발을 쓰고, 독일 생활을 하면서부터 전혀 해본 적이 없는 메이크업을 했다. 가능한 한 과장되게 화장하고 우스꽝스러운 모자와 하이힐을 신은 채 집을 나섰다.

이것이 출근길 복장이라니 내게는 너무 낯선 일이었지만, 그렇게 해도 된다는 동료들의 말을 믿고 과감히 문을 나섰다. 뒤뜰에 서 있는 자전거를 타고 사무실을 향해 출발했다. 혹시나 사람들이 나를 보고 손가락질하며 비웃지는 않을까 조마조마했는데, 거리의 사람들을 보고 크게 웃고 말았다. 내가 평소와 같은 복장을 하고 집을 나섰다면 사람들이 나를 의아하게 쳐다봤겠구나 하는 생각이 들어서였다. 사무실까지 30분가량 별의별 콘셉트와 기괴한 복장을 한 사람들과 함께 자전거를 탔다. 세상 심각한 줄로만 알았던 독일 사람들이 아침부터 우스꽝스러운 차림새를 하고 출근하고 있다니! 독일 사람들이 왠지 정서적으로 한결 친근해진 느낌이었다.

오전은 원래 근무를 하기로 했는데, 출근해보니 이미 사무실은 카니발 분위기에 취해 있었다. 카니발 복장을 차려입은 채로 근무가 제대로 이루어질 리 만무했고, 카니발의 떠들썩한 분위기가 내키지 않는 동료들은 미리 휴가를 낸 상태였다. 간단한 안줏거리와 카니발에서 자주 먹는 크림이 잔뜩 들어간 도넛이 준비되어 있었다. 당연히 맥주가 빠질 리 없었다.

우리는 간단하게 사무실에서 파티를 끝내고, 부랴부랴 시내로 나섰다. 우리가 사무실을 나섰을 때는 이미 카니발 첫날의 무드가 한창 무르익고 있었다. 사무실 앞의 도로는 차량이 통제되어 사람들이 자유롭게 거리를 활보했는데, 그 모습이 정말 가관이었다. 쾰른을 상징하는 빨간색과 흰색의 의상이나 성 모양의 모자를 쓴 사람들도 물론 있었지만, 그보다는 가지각색의 테마와 콘셉트에 따라 기괴하고 독특한 의상을 차려입은 사람이 많았다. 만화나 영화의 주인공은 물론이며, 동물, 유명인사, 다양한 직업을 상징하는 복장을 갖춘 사람들로 북새통이었다. 물론 카니발 행사의 중요 퍼레이드는 정해진 루트를 따라 진행되었지만 나는 이들의 자유분방한 행동과 표

○

카니발 복장을 한 행인들. 거리는 온통 무질서 상태가 된다.

현 방식이 그저 놀라울 뿐이었다.

독일 사람들은 언제나 정돈되어 있고 정해진 룰에 따라 살아가는 과묵한 성격이라고 생각했는데 이날의 모습은 가히 문화적인 충격이었다. 거리엔 온통 쓰레기가 나뒹굴고, 이미 대낮부터 취한 사람들이 눈에 띄기 시작했다. 처음 보는 관광객의 시선으로는 이 카오스의 현장이 그저 신기할 수밖에 없었다. 많은 상점들이 혼잡을 우려하여 일찍부터 문을 닫기도 했다. 다만 맥줏집들은 사람들로 만석이었다. 맥주 가게뿐 아니라 거리 곳곳에 맥주 가판대들이 세워졌고, 사람들 손엔 플라스틱 맥주잔이 하나씩 들려 있었다.

카니발 복장으로 유일하게 금지된 것은 경찰 제복인데, 만약의 사태에 대비하기 위해서다. 곳곳에 경찰들이 삼삼오오 지키고 서 있는 것도 자주 목격할 수 있었다.

쾰른 카니발은 이렇게 무르익는다. 친구들과 함께 무리를 이루어 파티를 하는 사람들, 건물 안팎을 구분하지 않고 곳곳에서 춤을 추고 맥주를 마시는 사람들이 저녁까지 즐비하다. 겨우내 우울한 날씨에 억눌린 사람들이 이 카니발을 통해 분출구를 찾는 느낌이었다. 나 또한 동료들과 어울려 한 손에는 플라스틱 맥주잔을 들고 여기저기서 흘러나오는 음악에 맞추어 춤추고 노래했다. 동료들이 이렇게 흥겨운 사람들이라는 걸 처음 알게 되었다. 쾰른 카니발의 노래도 곳곳에서 울려 퍼졌다. 독일어도 못 알아듣는데 심지어 쾰른 방언이라니…. 진정한 쾰른 시민만이 따라 부를 수 있는 노래를 목청껏 내지르며, 쾰른 시민들은 한껏 축제를 즐긴다.

주말 내내 카니발준비위원회에서 기획하고 다양한 단체가 참여한 퍼레이드 행렬이 교통이 통제된 시내 중심가에서 이어진다. 하지만 카니발을 즐기러 쾰른에 온 사람들에게 더 흥미로운 것은 퍼레이드를 보는 것보다는 그저 이 시간 이 공간에서 자기 안의 자유를 마음껏 분출하는 일일 것이다. 가끔은 무분별한 젊은이들이 새벽까지 술을 마시고 노래를 부르며 길에 오물을 쏟아놓기도 한다. 이 기간 새벽에 거리를 걸으면 술에 취해 길에 쓰러져 있는 사람들도 심심찮게 볼 수 있다.

이런 행동들이 거슬리고 불편한 사람들도 있겠지만, 이 같은 무질서한 행동마저도 어느 정도는 용납되는 것이 바로 카니발의 매력이다. 그리고 축제의 시간이 끝나면 아무 일도 없었던 듯 일상으로 돌아가는 것 또한 카니발의 한 특징일 테다.

유쾌한 쾰른인이 좋다

월요일이면 카니발은 절정에 달한다. 이를 'Rose Monday'라고 부르며 대규모의 퍼레이드가 펼쳐지는데, 어차피 도시는 카니발 행렬로 마비 상태이기 때문에 대부분의 회사와 상점들

○

조직화된 카니발 행렬이 거리를 가득 메웠다.

이 문을 닫는다. 월요일의 장미는 원래는 광란이라는 뜻의 쾰른 사투리라는 설도 있다. 한마디로, 광란의 월요일이 펼쳐지는 것이다. 쾰른 카니발의 중요한 요소 중 하나가 풍자인데, 표현은 즐겁되 정치적·사회적 풍자가 반드시 담겨 있어야 했다. 이날도 당연히 다양한 풍자를 볼 수 있었다.

쾰른 카니발이 진정한 광대들의 축제가 될 수 있었던 것은 바로 이런 요소 때문일 것이다. 풍자의 대상은 독일의 정치인을 포함해 세계 지도자들에 대한 내용이 주를 이룬다. 풍자는 그들에게 주어진 의무이자 권한이다. 퍼레이드를 구경하며, 퍼레이드 단원들이 연신 던져주는 사탕과 초콜릿을 주머니에 행복하게 채운다. 표현은 유쾌하고, 사탕은 달콤하지만, 풍자가 내포한 메시지는 꽤 달콤 쌉싸래하다.

지금은 하나의 독일이지만 문화적 자부심이 충만했던 쾰른 사람들은 프로이센에 맞서 자신들의 정체성을 지키려 애써왔고, 그런 이유로 쾰른 카니발의 풍자가 시작되었을지 모른다. 처음 카니발이 열렸을 때, 그 풍자의 대상은 분명 프로이센의 정치와 군대였을 것이다.

사람이 살아가는 곳마다 그 지역의 독특한 지역색이 있고, 역사와 문화적인 배경이 있기 마련이다. 쾰른에 처음 왔을 때는 그저 내가 새로 적응하며 살아가야 할 독일의 도시라고만 생각했었다. 하지만 카니발을 통해 도시의 역사와 문화에

○

카니발은 남녀노소 구분 없이 참여한다.

대한 궁금증이 생겼고, 왠지 나도 쾰른의 일원이 된 듯 흥분되고 자랑스럽기까지 했다.

쾰른 사람들의 고집과 억눌리지 않는 자유로운 사고방식이 카니발을 탄생시켰다. 카니발은 그들의 자부심이었다. 물론 지금도 프로이센의 사고방식이 더 지배적인 타지의 사람들에게는 쾰른의 카니발이 무질서의 향연으로 보일 수도 있다. 하지만 쾰른이라는 도시가 겪어온 역사와 문화의 특수성을 이해하니, 처음 동료가 해준 말에도 고개가 끄덕여졌다. "왜냐하면 너는 쾰른에 있거든"이라던 그 말이.

독일에서 다시 이탈리아로 돌아온 후 삼 년이 지나 나는 다시 쾰른행 비행기를 탔다. 이번엔 오롯이 주말의 난장판을 즐기려고 찾아간 것이었다. 삼 년 전 내 일상의 공간이었던 거리를 거닐며 무엇이 변했고 무엇이 그대로인가를 살펴보았다. 카니발 복장을 차려입고, 저녁 내내 길에서 맥주를 마시고, 여기저기에서 흘러나오는 음악에 맞춰 춤을 추며, 가끔 주변 사람들과 떠들썩하게 농담을 주고받고 사진을 찍었다. 간혹 너무 취한 사람들도 보였지만 내가 신경 쓸 일은 아니었다. 각자 자신이 원하는 만큼 망가질 수 있는 그 순간을 오롯이 즐기면 되는 것이다. 어차피 내일이면 모두 자신의 자리에서 또다시 묵묵히 하루를 맞을 테니까.

크리스마스에는
독일을 여행하자

Germany

2

크리스마스 마켓이 열리는 지역의 공통점

이탈리아의 밀라노에서 동북쪽으로 가면 알프스산맥이
오스트리아와 이탈리아의 국경을 나누는 곳이 나온다. 바로
'Sud Tirol'이라는 지역으로, 이는 남티롤이라는 뜻이다. 이탈
리아와 오스트리아에 걸쳐서 알프스산맥을 아우르는 지역을
티롤이라 부르는데, 1차 세계대전 이후 티롤의 남부가 이탈리
아에 속하게 되면서 이곳은 남티롤이라는 명칭으로 불리게 되
었다. 오스트리아에 속한 북쪽 지역은 여전히 티롤이라는 이
름으로 불린다. 영화 〈사운드 오브 뮤직〉에서 마리아가 〈에델
바이스〉를 부르던 아름다운 산악 지역이 바로 이곳이다.

이탈리아에서는 통상 남티롤이라는 명칭을 쓰기는 하지
만, 알토아디제(Alto-Adige)가 남티롤이 속한 주의 공식 명칭이다. 이곳이 이탈리아의 타 지역과 다른 점은 바로 언어다. 지리적으로 국경 지대에 위치한 곳에서는 인접한 국경의 나라들과 언어가 섞이는 것이 일반적인 현상이기도 하고, 비슷한 사투리를 쓰기도 하는데, 이곳 남티롤은 독일어가 더 일상적으로 쓰이는 곳이다. 물론 산악 지역의 특성상 고립된 마을에서는 그곳만의 고유한 사투리가 많이 남아 있기 마련이다. 하지만 이 지역이 독일어를 쓰는 것은 고립된 지역이라서가 아니라 역사적으로 독일어 문화권인 오스트리아의 일부였기 때문이다.

특히 대표 도시인 볼차노는 독일어가 공식 언어이며, 일상어가 독일어인 특별한 곳이다. 태어나서 자연적으로 배우는 언어가 독일어이고, 이탈리아어는 교육과정을 통해 습득하는 제2언어인 것이다. 이러한 이유로 어쩌면 이들의 마음속에는 아직도 자신들이 오스트리아의 일부라는 인식을 가지고 있을지도 모른다. 그것은 문화라는 것이 칼로 두부 자르듯 국경을 가른다고 해서 그대로 이식되고 변화하는 것이 아니기 때문이다.

크리스마스가 다가오면 이곳 알토아디제 지역에서는 아주 흥미로운 행사가 열린다. 바로 크리스마스 마켓이 열리는 것이다. 밀라노에서도 요즘 크리스마스가 되면 광장에서 수공예품이나 식료품을 늘어놓고 파는 시장이 열리기는 한다. 하지만 크리스마스 마켓의 제대로 된 느낌을 즐기기엔 뭔가 부족함이 있다. 크리스마스 마켓이 서는 볼차노의 중앙 광장에 가면 작은 나무집 형태의 부스에서 손뜨개로 만든 장갑, 모자, 각종 크리스마스 장식품, 비누나 향초 같은 생활용품을 파는 사람들을 볼 수 있다. 뭔가 근사한 물건을 파는 사람들보다는 직접 집에서 만든 수공예 제품을 가지고 나와서 파는 모습이 정겹다. 이곳은 알프스 돌로미티에 속한 산악지대이다 보니 풍부한 자원으로 만든 그럴싸하고 화려한 것보다는 손으로 만들어 투박하지만 만든 사람의 정성이 깃든 물건들이 주를 이룬다. 크리스마스가 시작되기 이전에 가족과 친구들을 위한 선물을 마련하기에 좋은 행사라서 많은 사람이 찾는다. 가끔은 이곳에 물건을 팔러 온 사람들이 이탈리아 말에 익숙하지 않아, 겨우겨우 손짓과 표정으로 의사소통을 해야 할 때도 있다.

그럼 이제 시장의 즐거움인 먹거리 얘기를 해보자. 이 크리스마스 장터에서 먹을 수 있는 특별한 음식 또한 이탈리아의 전통 음식이라기보다는 독일어권 나라에서 쉽게 접할 수 있는 음식들이다. 소시지와 양배추를 절여 만든 크라우티를 먹는다거나, 진저브레드 또는 견과류를 꿀에 절여놓은 과자도 많이 볼 수 있다.

사과를 넣어 만든 파이인 스트루델의 달콤함에 빠져들 수도 있다. 이탈리아에서는 좀처럼 발견하기 어려운 크리미한 수프들, 각종 감자로 만든 요리들도 쉽게 찾아볼 수 있는 메뉴

크리스마스 분위기의 다양한 진저브레드

이다. 물론 따뜻한 소시지나 감자를 맥주와 함께 먹는 것 또한 빼놓을 수 없다. 이탈리아라고 해서 와인만 마실 것이라고 생각한다면, 크리스마스 마켓을 즐길 줄 모른다는 증거다. 하지만 그래도 역시 최고의 하이라이트는 와인을 사과와 레몬, 계피 등을 넣고 따뜻하게 데운 글루바인이라 할 수 있을 것이다. 우리에겐 뱅쇼라는 프랑스어로 좀 더 익숙한데, 독일어로는 글루바인이라고 한다.

프랑스에도 크리스마스 마켓으로 유명한 지역이 있는데, 바로 스트라스부르이다. 독일과 국경을 맞대고 있으며, 독일어를 쓰는 지역이다. 쾰른에서 밀라노로 다시 이삿짐을 차에 싣고 돌아오던 해 여름, 나는 스트라스부르에서 하룻밤을 머물렀다. 이곳 스트라스부르는 바로 어린 시절 교과서에서 배웠던 〈마지막 수업〉의 배경 장소인 알자스 지역의 주도이다. 〈마지막 수업〉은 2차 세계대전 당시 알자스 지방이 독일에 합병되면서 더 이상 프랑스어 수업을 할 수 없게 된 사실을 슬퍼하는 내용을 담은 알퐁스 도데의 소설이다. 당시 역사적 배경에 대한 정확한 지식이 없었던 나에겐 언어의 중요성과 문화, 자주성에 대한 교훈을 주기 위한 소설이었다는 정도의 기억으로만 어렴풋이 남아 있다. 하지만 2차 세계대전 시기에 프랑스에서 독일로, 독일에서 프랑스로 다시 합류된 역사는 오래된 영토 분쟁사 중 비교적 최근의 에피소드다.

예쁜 키오스크가 즐비한 거리는 테마파크를 떠올리게 한다.

    알자스 지역은 서기 800년대에는 현재의 독일에 해당되는 신성로마제국에 속해 있었으며, 그 이후 독일과 프랑스 사이를 오고 가야만 했던 긴 분쟁의 역사를 가지고 있다. 이곳 알자스 지역은 이런 복잡한 역사를 경험하면서 프랑스와 독일의 문화를 동시에 지닌 독특한 문화를 형성해왔다. 언어적인 측면에서도 독일어권의 영향이 커서 아직도 독일어가 통용되고 있다.

    그날 쾰른에서 밀라노로 향하던 중 잠시 프랑스의 도시 스트라스부르를 거치면서도, 국경을 넘나드는 듯한 정서적 차이는 거의 느끼지 못했다. 지리적으로는 독일과 프랑스를 오가는 다소 복잡한 여행이었는데도, 문화적으로는 독일어권 문화를 벗어나지 않았다는 느낌을 받으며 스트라스부르를 떠났던 기억이 난다. 이러한 이유로 프랑스에서 크리스마스 마켓의 도시로 가장 유명한 곳이 스트라스부르가 아닐까 생각해보았다. 마치 이탈리아의 독일어권인 남티롤의 볼차노에서 크리스마스 마켓이 열리듯, 프랑스의 독일어권인 알자스의 스트라스부르에서도 똑같은 문화가 지속적으로 계승되고 있는 것이다. 유럽의 문화는 이런 이유로 나를 더 흥미롭게 만들곤 한다. 서로 붙어 있는 각각의 나라들이 다른 문화를 가지고 있는 것은 유럽 세계를 단순히 유럽연합으로 묶인 하나의 세계로 볼 수 없다는 생각이 들게 한다. 하지만 이런저런 역사를 거치면서 지역의 특성에 따라 국경에 상관없는 문화가 형성되는 것 또한 흥미로운 일이다. 크리스마스가 다가오면 독일의 여느 도시처럼 글루바인을 마시면서 아기자기한 나무집들 사이를 거닐며 작은 선물을 사고파는 그런 전통을 유지하고 있는 모습이 바로 그들의 독특한 역사를 설명해준다.

추운 겨울을 밝혀주는 크리스마스의 불빛

독일의 겨울은 너무나도 길고 우울한 계절이다. 시도 때도 없이 내리는 비와 언제나 흐린 날씨, 정말 어쩌다가 한 번씩만 아주 드물게 해를 볼 수 있기 때문에 안 그래도 긴 밤이 더욱더 길게 느껴진다. 하지만 크리스마스 마켓과 카니발이 있어 그나마 위로가 됐었다는 기억도 난다.

겨울이 되면 내가 살았던 쾰른에도 여지없이 크리스마스 마켓이 들어선다. 11월 말이 다가오면 쾰른 성당 앞 알트프라츠를 비롯해 시청 앞 광장 등 도시의 중심이 되는 광장들은 이미 크리스마스 준비로 떠들썩하다. 나무로 된 집들을 뚝딱뚝딱 짓는 사람들, 크리스마스트리를 세우는 사람들, 조명을 설치하는 사람들이 작업에 박차를 가한다. 텅 빈 나무집을 예쁜 물건으로 채워가는 사람들이 하나둘 모여들고, 이내 맛있는 음식을 만드는 사람들이 광장을 메워 나간다. 11월 말 정도면 오후 4시만 돼도 사방이 한밤중처럼 어둡다. 하지만 크리스마스 마켓이 시작되면 도시의 밤이 더 이상 지루하지 않다. 도시 곳곳에 있는 크리스마스 마켓의 불빛과 떠들썩함이 겨울에 들어선 쾰른에 다시 활기를 불어넣어주기 때문이다. 축축한 날씨에는 시커멓게 그을린 쾰른 성당이 보다 괴기스럽게 느껴지기도 하는데, 환하게 밝혀진 광장의 불빛으로 인해 성당의 모습은 더 이상 비극적으로 보이지 않는다.

쾰른 성당의 웅장한 첨탑이 올려다보이는 알트프라츠의 크리스마스 마켓은 언제나 관광객으로 북적댄다. 독일에서는 정말 웬만하면 생기지 않는 일도 이때 일어난다. 업무가 끝난 뒤 동료들이 다 같이 마켓으로 몰려가 함께 저녁시간을 보내며 웃고 떠드는 것이다. 마켓이 처음 열린 주에, 열 명가량 되는 동료들과 함께 업무를 마치고 자전거 경주를 하듯 크리스마스 마켓으로 향했다. 스튜디오에서 가장 가까운 마켓은 쾰른 성당 앞의 알트프라츠 마켓이지만, 관광객이 많이 몰리는 그곳보다는 비교적 덜 번잡한 노이마크트의 마켓으로 향했다. 그곳에서 각자 글루바인을 한 손에 들고, 소시지나 독일식 감자부침 뢰스티를 사과잼에 찍어 먹었는데, 지금도 그 맛은 잊을 수가 없다. 언제나 무표정하던 독일인들의 얼굴에도 미소가 감돌 때가 있구나, 생각했던 시간이었다. 물론 그땐 아직 쾰른의 카니발에 대해서는 아는 바가 없었다. 그때까지는 그게 내가 보았던 독일인의 가장 밝은 미소였다.

친구가 많지 않은 삶이라 매일같이 사람들과 어울리는 떠들썩한 날들은 아니었으나, 가끔씩 퇴근길에 혼자 마켓에 들러 글루바인이나 핫초콜릿을 마시며 긴 겨울을 보내곤 했다. 크리스마스 마켓은 해마다 열리는 행사이지만 사람들은 마켓을 핑계로 일부러 약속을 잡고 함께 맥주나 글루바인을 마시곤 한다. 그리고 주말엔 아이들의 손을 잡고 나와 예쁜 수공예 제품들을 구경하며 동네 사람들과 정겨운 대화를 나눈다. 그리고 각자 크리스마스 선물을 할 사람들을 떠올리며 크고 작은 선물들을 마련한다. 약 한 달간 도시의 어둠을 밝혀주는 크리스마스 마켓이 없었더라면 쾰른의 겨울은 얼마나 삭막했을까? 나는 그 기억이 아직도 생생해서, 추운 독일의 겨울을 따뜻한 불빛, 그리고 생강과 계피 향으로 가득 찼던 계절로 추억하곤 한다.

장화 잔에 담긴 따뜻했던 크리스마스의 추억

내가 추억하는 또 하나의 크리스마스 마켓은 기차를 타고 배낭여행을 했던 2000년 겨울에 들른 곳이다. 비행기보다 기차 여행이 일반적이던 시기에 유레일패스와 비슷한 인터레일이라는 티켓이 있었다. 유럽 현지인들이 살 수 있는 티켓이었는데, 당시 나는 유학생 신분이었으므로 꽤 저렴한 가격에 구매할 수 있었다. 정해진 기간에 무제한으로 기차를 탈 수 있는 매력적인 티켓이었다. 지금은 저가 항공이 생겨 유럽 어느 곳이건 저렴한 가격에 여행할 수 있지만, 이때만 해도 인터레일이 가장 싸게 여행할 수 있는 방법이었다. 유럽의 각 지역은 몇 개의 존으로 나뉘는데, 선택한 존의 티켓을 사면 일정 기간 제한 없이 해당 존의 기차를 탈 수 있었다. 나는 밀라노에서 두 명의 한국인들과 함께 생활하고 있었는데, 그때 동생과 밀라노 중앙역에 가서 인터레일 티켓을 하나씩 구매했다. 마지막 수업이 끝나는 날 오후, 우리는 배낭을 메고 인터레일 티켓을 손에 든 채 출발했다. 그해 크리스마스 휴가 기간에 도전했던 존은 바로 스위스, 오스트리아, 독일, 네덜란드 그리고 덴마크가 포함된 지역이었다. 그 외에 조금의 비용을 더 내고 추가로 그 당시 유럽연합의 국가가 아니었던 헝가리를 독일에서 왕복했다. 약 2주 동안 이 지역들을 종횡무진했다. 밤이면 기차를 타고 나라에서 나라로 이동하고, 아침이면 기차역에서 나와 새로운 곳을 돌아다녔던 기억이 생생하다.

우리의 첫 번째 행선지는 밀라노에서 가장 가까운 스위스였다. 나는 스위스의 루체른과 취리히를 거쳐 오스트리아의 빈으로 넘어갔다. 빈에서 뮌헨으로, 그리고 뮌헨에서 부다페스트로 넘어갔으며 다시 뮌헨으로 돌아와 아우스부르크에 들렀다. 그리고 아우스브루크에서 출발해 함부르크로 이동했다. 함부르크에서 기차와 배를 이용해 덴마크의 코펜하겐엘 갔으며, 다시 함부르크로 돌아와 암스테르담으로 향했다. 크리스마스 이브는 눈이 내리는 암스테르담에서 맞았다. 크리스마스를 암스테르담에서 보내고 다시 쾰른으로 돌아왔는데, 너무 지쳐서 집이 그리워지는 바람에 베를린으로의 이동을 포기하고 밀라노행 기차를 탔다.

이처럼 바쁘고 복잡한 여행을 하는 동안 우리를 행복하게 했던 것이 바로 크리스마스 마켓이었다. 이른 오후부터 어둑어둑해지는 거리를 밝혀주는 불빛과 도시 곳곳에서 만나는 아기자기한 마켓의 분위기는 춥고 습한 겨울 여행을 활기차게 만들어주었다.

밀라노의 겨울도 만만찮게 비가 잦고 궂은 날씨였지만, 독일은 여기에 추위까지 더해져서 돌아다니기에 삭막하기까지 했다. 궁핍한 여행자였던 우리는 그 흔한 글루바인 한 잔 사먹지 못할 정도로 여유가 없었지만, 따뜻한 크리스마스 마켓을 구경하는 것만으로도 충분히 설레고 행복했다. 숙소 대신 도시에서 도시를 연결해주는 밤 기차를 타러 갈 때 거리가 어둡지 않아 좋았고, 바라보는 것만으로도 행복감을 안겨주는 다양하고 예쁜 수공예 제품이 있어 더할 나위 없었다. 특히 펠트나 나무로 만든 예쁜 인형들의 천진무구한 표정과 포근한

○

예쁘게 장식한 키오스크에서는 수공예품이나 음식들을 판다.

양모로 만든 장갑을 만져볼 때의 촉감은 그 자체만으로도 마음을 녹여주곤 했다.

부다페스트의 크리스마스 마켓은 스위스나 오스트리아의 분위기와는 조금 달랐다. 스위스와 오스트리아의 마켓은 알프스산맥에 위치한 지리적 영향 탓인지, 좀 더 거칠고 투박한 느낌의 수공예품이 많다. 목각으로 된 제품이나 펠트 제품이 그 예라고 볼 수 있을 것이다. 하지만 헝가리에서는 보헤미안 지역의 특징이라고 할까, 양모보다는 레이스로 만든 수공예품들이 눈에 띄었고, 옻칠한 듯 검은색으로 칠해진 나무 위에 컬러풀하게 꽃 그림을 그린 방식의 제품들이 많이 보였다. 액세서리, 주방용품, 각종 인테리어 장식용품 등은 또 다른 느낌이었다. 하지만 변함없는 것은 역시나 소시지와 따뜻한 스튜를 곳곳에서 팔고 있다는 것. 나는 한 국자 푹 퍼주는 굴라시 스튜로 부다페스트의 추위를 이겨낼 수 있었던 그 오후를 아직도 기억하고 있다.

부다페스트에서 다시 뮌헨행 밤 기차를 타고 도착한 뒤 잠깐 시간을 보내고 나서 다시 기차를 타고 아우스부르크로 출발했다. 인터레일로 탈 수 있는 기차에는 우리나라의 KTX에 해당하는 급행열차 ICE가 포함되어 있지 않았다. 따라서 이 기차 여행은 이동에만 상당 시간이 소요되었다. 아우스브루크에 도착한 날 저녁, 기숙사에 살고 있는 언니의 친구를 찾아 나섰

○

과일과 계피 등을 넣어 끓인 글루바인이
크리스마스 분위기가 물씬 풍기는 컵에 담겨 있다.

다. 그날 언니의 방에 들어가 배낭 속 옷들을 모두 빨고, 언니가 차려준 푸짐한 저녁을 정말 말도 없이 먹어 치웠던 기억이 난다. 언니는 눈과 비를 맞고 이리저리 뛰어다니느라 꼬질꼬질해진 두 아이를 먹여주고 재워주었으며, 다음 날 아침 건조기에 바싹 말린 깔끔한 옷들을 내어주었다.

　　우리는 그날 아침 언니와 함께 아우스부르크의 시내로 나갔다. 아우스부르크의 시내에도 크리스마스 마켓이 어김없이 열려 있었다. 우리는 함께 시장을 구경하며 웃고 떠들었다. 행복한 아침이었다. 언니는 글루바인이 담긴 장화 모양의 컵을 우리에게 건넸다. 그 따뜻한 장화의 촉감과 그 안에서 풍겨 나오는 계피 향이 너무나도 좋았다. 한 모금 마셨을 때의 그 달콤함과 따뜻한 알코올이 주는 알딸딸한 만족감은 지금까지도 나의 기억 속에 그대로 남아 있다.

　　언니는 글루바인을 비운 장화는 가지고 가는 거라고 했다. 나중에 알고 보니, 그 잔은 마켓 내 글루바인을 파는 곳이면 어디서나 동전으로 교환되었는데, 언니가 우리에게 선물로 준 것이었다. 언니는 아우스부르크 역 앞에서 헤어질 때 집에서부터 준비해온 뮌헨식의 가늘고 하얀 소시지와 빵을 알루미늄포일에 포장해서 잔뜩 건네주었다. 우리는 그날 저녁 뮌헨에서 그 포장지를 벗겨 든든히 저녁을 먹고 난 후에 다시 밤 기차에 올랐다. 소시지는 차갑게 식어 있었지만, 언니가 전해준 그 훈훈한 마음은 입안에서 따뜻하게 녹아내렸다. 그 배려와 우정은 그것만으로도 충분히 따뜻한 크리스마스 선물이었다. 나에게 독일의 크리스마스는 그렇게 따뜻한 느낌이다.

역사 속 지도에 담긴 크리스마스 마켓의 의미

생각해보니 그해 겨울 몇몇 나라들을 다니며 각 나라의 크리스마스 마켓을 구경한 행운을 누렸는데, 나중에야 인터레일의 코스를 독일어권으로 정했기 때문이라는 것을 깨달았다.

스위스나 독일, 오스트리아와 같이 독일어권이라 불리는 지역을 하나로 묶은 티켓이었으니 자연스럽게 각 도시들에서 크리스마스 마켓을 구경할 수 있었던 것이다. 부다페스트는 독일어권은 아니었지만, 그래도 무언가 비슷한 정서가 느껴지는 부분이 있었다. 이탈리아에서는 체감하지 못했던, 추운 나라에서만 느껴지던 정서적인 동질감 같은 것이었다.

역사적·지리적 영향을 살펴보면, 신성로마제국이라는 공통분모가 있었던 것이다. 내가 인터레일로 여행했던 지역이 모두 신성로마제국에 속했던 국가들이었다. 굳이 과거의 역사까지 따져가며 인터레일 티켓을 구성했을 것 같지는 않지만, 이들 지역이 공통의 역사를 공유하고 있었던 것은 분명하다.

서로마제국 멸망 후, 현재의 독일, 프랑스, 이탈리아 지역에서는 독일 민족의 주를 이루는 게르만족의 일파인 프랑크족이 왕국을 이루었다. 이들이 이후에 동프랑크와 서프랑크로 분리되는데, 바로 동프랑크족이 이후 독일의 모태가 된다. 동프랑크는 오토 1세가 황제에 오르면서 서프랑크와는 완전히 별개의 국가가 되었다. 이렇게 해서 이루어진 국가가 바로 신성로마제국이다. 오토 황제는 이 시기 이탈리아 지역을 차지하게 되면서 교황으로부터 황제의 칭호를 받게 되고, 이로 인해 서로마제국의 황제임을 인정받았다.

그렇게 신성로마제국은 서로마의 맥을 잇는 지위를 차지하게 되었다. 신성로마제국의 전성기는 영토적으로 독일이 가장 영광을 누렸던 시기라 볼 수 있다. 하지만 신성로마제국은 서프랑크와 다른 역사의 길을 갔다. 서프랑크가 중앙집권체제를 이루며 발달해온 반면, 신성로마제국은 각 지역의 귀족들이 권력을 나누어 가진 연방국가의 형태를 띠었다. 신성로마제국은 역사적인 시기에 따라 속해 있는 지역이 계속 변해왔지만, 통상 독일, 오스트리아, 폴란드, 네덜란드, 룩셈부르크, 브뤼셀, 스위스 그리고 이탈리아의 일부까지 포함하는 지역을 아우른다. 이 시기 알자스-로렌 지방 또한 신성로마제국으로 확정되면서 그 이후 프랑스와 독일 간의 긴 영토 분쟁이 이어지게 된다.

결국 신성로마제국은 이탈리아와 프랑스에 속한 영토

를 잃으며 독일어를 사용하는 지역으로 한정되었고, 이 지역도 차차 다양한 나라로 분화되었다. 이 신성로마제국의 역사한가운데 바로 크리스마스 마켓이 포함되어 있다. 크리스마스마켓이 처음으로 생겨난 곳은 오스트리아의 빈 또는 바우첸이라고 한다. 이후 1300년대에 드레스덴을 비롯해, 뉘른베르크, 프랑크푸르트, 스트라스부르 등 다양한 신성로마제국 지역에서 크리스마스 마켓이 등장했다.

크리스마스 마켓은 로마를 계승한 신성로마제국으로서 가톨릭의 정신을 이어받아 예수의 탄생을 기다리는 4주간을 축제의 분위기로 맞이한다는 뜻에서 시작되었다. 이후 현대적인 의미로 변화하면서 종교적인 색채가 다소 옅어진 지금의 모습으로 발전해왔다. 지금은 겨울철 독일어권의 가장 큰여행상품 가운데 하나이다. 오직 그 지역만이 가지고 있는 수공예 문화, 음식 문화 등 로컬의 전통을 경험할 수 있는 행사로자리하고 있는 것이다.

지금도 여전히 크리스마스 마켓의 전통을 유지하고 또발전시켜나가고 있는 많은 나라와 지역이 있다. 독일과 오스트리아의 도시들이 그러하며, 동쪽으로는 체코와 헝가리도 그영향권에 포함되어 있다. 나라는 다르지만, 이탈리아와 프랑스의 일부 지역 역시 이 전통을 유지하고 있다.

2019년 겨울, 밀라노에서 버스를 타고 알프스산맥을 넘

○

프랑스의 스트라스부르는 크리스마스 마켓으로 유명한 도시이다.

○

거리의 크리스마스 조명이 긴 겨울밤을 밝혀준다.

어 리옹에 갔었다. 크리스마스를 앞두고 며칠 여행을 하기 위해 떠났는데, 너무나 의아했던 것이 리옹에는 거리를 밝혀주는 크리스마스 조명이 없다는 점이었다. 리옹은 빛의 속성을 발전시켜 영화를 만들어낸 뤼미에르의 도시이다. 그래서 아주 유명한 뤼미에르 조명 페스티벌이 열리는 곳이기도 하다. 이런 도시라면 당연히 크리스마스를 앞두고 화려한 조명의 향연이 펼쳐질 거라 예상했었는데 의외로 조명 하나, 크리스마스 장식 하나에도 인색했다. 이 같은 리옹의 모습에 크리스마스 여행의 행선지로는 잘못된 선택을 했나 싶었다.

독일어 문화권이 아니며 신성로마제국의 역사적 영향이 없었던 이곳 리옹에서 독일과 같은 아기자기한 크리스마스 전야의 분위기를 기대해서는 안 된다는 새로운 교훈을 얻었다. 영화나 사진 속에 나오는 예쁜 크리스마스 마켓의 분위기를 느끼고 싶다면, 그리고 따뜻한 글루바인의 향긋하고 달콤한 맛을 느끼길 원한다면 역사책을 펼쳐보길 바란다. 그래서 신성로마제국의 전통이 남아 있는 나라를 찾아 떠나기를 권하고 싶다. 만일 역사책을 펼쳐보기도 귀찮다면 그 또한 굳이 걱정할 일은 아니다. 독일어권 도시로 향하면 되니까. 크리스마스 마켓의 발생지 드레스덴도 있고, 아름답기로 유명한 뉘른베르크도 있다. 오스트리아의 빈과 잘츠부르크에도 아름다운 마켓이 있다. 그리고 앞에서 얘기한 것처럼 프랑스의 스트라스부르와 이탈리아의 볼차노에서도 흥미로운 크리스마스 마켓을 만날 수 있다.

유럽의 문화와 역사는 나라마다 지역마다 너무나도 다양하지만 가끔은 칼로 자를 수 없는 물처럼 국경과 상관없이 서로 혼합되고 영향을 주고받으며 변화해왔다는 걸 알 수 있다.

바이마르공화국에서
바우하우스를 배우다

역사의 소용돌이를 간직한 베를린

 최근 사 개월 사이에 베를린을 두 번이나 다녀오게 되었
다. 작년 10월, 1박 2일의 일정으로 잠시 들렀는데, 마침 우연
히도 독일 통일 30주년 기념일이었다. 통일 기념일의 분위기
를 느껴보고자 찾아간 브란덴부르크 문과 웨스트 갤러리는 인
파로 북적이고 있었다.

 초겨울의 쌀쌀한 날씨였지만 햇살이 너무나도 좋았던 그
날은 그야말로 축제 분위기였다. 통일의 기억을 생생하게 가지
고 있는 세대와 역사책으로만 배운 젊은 세대가 하나가 되어 축
제를 즐기는 듯 보였다. 삼십 년 전의 통일의 날은 지나간 과거
를 끝내고 새로운 미래를 바라보는 그런 날이었고, 그날로부터
삼십 년 후 미래를 살고 있는 지금의 모두를 위한 날이기도 했다.

웨스트 갤러리의 〈형제의 키스〉 벽화. 평화와 화해의 상징이 되었다.

지금은 어느덧 사랑을 약속하는 장소가 되어버린 〈형제의 키스〉 벽화 앞에서 통합과 화합의 역사를 회상하며 다시 한번 감동에 젖었다. 독일이 하나가 되던 그해 초겨울, 나는 독일의 통일과 동유럽 공산주의의 몰락을 뉴스를 통해 지켜보았다. 동독과 서독에 대해 교과서에서 배운 내용들을 과거지사로 만들어버린 그 역사적인 현장은, 지켜보는 이의 가슴을 울리는 무언가가 있었다.

베를린이라는 도시가 흥미로운 까닭은 독일이라는 나라가 겪어온 역사의 소용돌이를 그대로 볼 수 있는 곳이기 때문이다. 그곳에는 유태인 학살의 쓰라린 기억과 반성의 역사가 있고, 2차 세계대전 패망의 기억이 있다. 그리고 분단과 통일의 기억이 있다. 분단의 세월 동안 도시 자체마저 분단되어 섬처럼 떠 있었던 서베를린의 역사가 있으며, 동독의 수도 역할을 했던 동베를린의 역사가 있다. 통일 후 베를린은 유럽에서 가장 젊고 역동적인 도시로 탈바꿈했다. 새로운 통일 수도를 재건하려는 독일인들의 의지가 오랜 세월 고립되어 있던 베를린을 유럽에서 가장 역동적인 도시로 만들어낸 것이다. 새로운 세계의 건축과 예술을 추구하는 젊은이들이 베를린으로 몰려왔다. 오래된 문화유산은 없으나 근대와 현대 유럽의 역사, 전쟁에 대한 아픈 기억, 그리고 우리와 비슷한 분단의 역사 등 베를린이 우리에게 주는 교훈은 더더욱 많을 것이다.

동베를린으로 여행하다

2020년 초, 또다시 베를린에 가게 될 기회가 생겼다. 참석해야 할 페어가 있어서 2박 3일의 일정으로 여행을 계획했으나, 중국에서 발생한 코로나 사태로 인해 페어가 취소되었다. 페어를 방문하기 위해 준비한 여행은 갑자기 목적 없는 여행이 되어버렸다. 이미 호텔과 항공권은 취소할 수 없는 상태였다. 어차피 티켓과 숙박이 예약되어 있으니 가서 맥주랑 커리부어스트나 먹어야겠다고 생각하며 베를린행 비행기를 탔다. 이때까지만 해도 유럽은 코로나바이러스의 영향권이 아니라고 생각하고 있었다.

베를린에 일단 도착했지만, 중요한 관광 포인트는 지난 몇 번의 여행을 통해 어느 정도 훑어보았던 터라 뭘 할지 고민이 되었다. 혼자 가는 여행이다 보니 딱히 뭔가 즐길 거리를 찾기도 마땅치 않았다. 베를린의 2월 날씨가 도시를 돌아다니기에 썩 좋지 않으리란 것은 출발 전부터 예상하고 있었다.

일 년간의 독일 생활을 통해, 봄과 가을도 믿을 수 없는 날씨인 것을 잘 아는데, 겨울의 베를린이라니…. 지난번 방문 때와 같은 날씨 운이 따르지 않는다면, 하루 종일 오락가락하는 비를 피해 다녀야 할 것이 너무도 뻔했다. 이쯤 되니 뭔가 날씨와 상관없는 일을 찾아보자는 생각이 들었다.

두 번째 날 아침, 나는 일찍 숙소에서 나와 부슬부슬 오는 비를 맞으며 잰걸음으로 알렉산더 플라츠의 기차역으로 향했다. 알렉산더 플라츠는 기차역과 트램, 버스 등이 오가는 교통의 요지로 큰 광장이 펼쳐져 있다. 항상 많은 사람들로 북적대는 알렉산더 플라츠의 분위기가 묘하게 낯선 것은, 아마도 통일 이전의 건물들이 많이 남아 있기 때문인 듯했다. 남은 건물들은 여전히 동유럽의 분위기를 풍겼다. 포츠다머 플라츠와 함께 베를린의 대표적인 광장이지만, 묘하게 다른 분위기는 이 두 광장이 가졌던 다른 역사의 시간을 가만히 설명해주었다. 생각해보면 독일이 분단되었던 기간은 약 사십오 년이다. 통일한 지는 삼십 년이 지났는데, 그 세월만으로는 분단의 자취와 각기 걸어왔던 삶의 흔적들을 지우기 어려웠을 것이다.

알렉산더 플라츠 기차역에서 기차를 타고 데사우로 향했다. 구동독의 도시 데사우는 이곳 베를린에서 두 시간가량 기차를 타고 가면 도착한다. 베를린의 몇몇 기차역을 지날 때마다 많은 사람이 타고 내렸다. 베를린을 벗어난 기차는 옛 동독의 마을들을 달리게 되는데 그 중간 어딘가에 데사우가 있다.

이 두 시간의 거리는 굉장히 낯설었다. 베를린에서 쉽게 당일치기로 다녀올 수 있는 시간과 거리임에도 베를린과 데사우 사이를 오가는 나의 심정적 거리는 많이 멀었다. 통일 이후 급격하게 변해온 베를린을 떠나 아직도 변화의 영향이 닿지 못

○

발터 그로피우스 설계의 데사우 바우하우스 캠퍼스.
바우하우스는 2019년 탄생 100주년을 맞이했다.

한 동독의 마을을 가는 것은 마치 시간 여행을 하는 듯한 느낌을 안겨주었다. 독일에서 일 년을 살면서 많은 곳을 여행했는데, 생각해보니 구동독의 도시를 찾은 것은 이번이 처음이었다.

데사우를 찾아간 이유는 바로 바우하우스를 보기 위해서였다. 2019년 바우하우스 100주년을 맞이하여, 바우하우스의 흔적이 남은 도시들에서는 바우하우스의 기억과 영광을 되살리고자 하는 움직임이 본격적으로 일어났다.

바우하우스가 처음으로 탄생한 바이마르에도 바이마르 뮤지엄이 새로 오픈했다고 한다. 바이마르는 바우하우스 탄생의 의미가 있는 곳이고, 데사우는 바우하우스 최고 번성기의 도시라는 의미를 지녔다. 그리고 베를린은 바우하우스가 막을 내린 마지막 도시이자, 통일 이전 시기에 데사우를 대신해서 바우하우스의 역사를 보여주는 곳이었다. 많은 건축가 또는 디자이너들에게 바우하우스 뮤지엄 방문은 베를린 여행 시에 꼭 거쳐야만 하는 프로그램 중 하나이기도 하다.

베를린에서 아침 일찍 출발한 덕에 데사우에 도착한 시간은 오전 10시경이었다. 기차역에서 잠시 숨을 고르듯 커피한 잔을 마시고 나오니 조용하다 못해 적막한 소도시의 모습이 눈에 들어왔다. 우산을 쓸 정도는 아니었지만, 많이 걸으면꽤 옷이 젖을 법한 유럽 특유의 겨울 날씨였다. 베를린에서 출발할 때와 별반 다르지 않았다.

○

데사우의 거리에서는 동유럽 시대의 부조가 보인다.

고요하고 적막한 아침이 꽤 마음에 들었다. 바우하우스의 유산을 찾아가는 나의 마음은 조용하게 설렜다. 우산을 꺼내기 귀찮아 모자를 눌러쓰고 걷다가 잠시 신호등에 멈춰 섰는데, 이곳이 구동독의 한 도시였음을 다시 상기할 수 있었다. 신호등 불빛 속에서 사람의 형상이 보였다.

분단된 땅에서 태어나 평생을 살아온 나에게 이 분단 시절의 신호는 항상 특별한 느낌을 전해준다. 아마도 독일 사람들 또한 이 신호등을 보며 자신들의 지나간 역사를 한 번씩 상기해보곤 하지 않을까. 물론 지금 통일 독일의 한 도시인 데사우의 거리를 걸으며 두려움을 느낄 일은 없지만, 그 한적함과 분단 이전의 흔적들은 마치 아직도 금지의 땅인 것만 같은 착각을 안겨주었다. 오랜 세월에 대한 선입견, 우리는 그것을 어떻게 씻어버릴 수 있을까?

바우하우스의 혁신성과 바이마르의 정신

이곳까지 오는 동안 나의 호기심은 역사의 소용돌이 속에서 짧은 시간 불꽃 같은 업적을 남긴 바우하우스에게로 향했다. 왜 바우하우스는 두 번이나 이사를 하고 세 곳에 흔적을 남겼을까? 이십사 년간의 역사, 그 시작과 끝은 어떻게 발생한 것이었을까?

같은 해, 독일에서는 바우하우스 외에도 또 100주년을 맞는 중요한 역사적인 사실이 있었는데, 바로 바이마르공화국의 탄생이었다. 1919년 공화정이 수립되어 1933년 이십사 년간 지속된 바이마르공화국의 시간은 바우하우스의 시간과 정확히 일치한다. 이로 인해 바이마르공화국의 탄생과 소멸이 바우하우스의 역사와도 깊은 연관이 있음을 알 수 있다.

이곳 데사우의 바우하우스를 방문하기 전까지 바우하우스가 갖는 역사적 의미에 대해서 내가 어디까지 배우고 인식해왔었나 생각해보았다. 내가 독일에서 발생한 역사적 사건들에 대해 명확히 알고 있다고 말하기는 어렵다. 단순히 건축을 전공하고 디자인을 평생의 업으로 알고 살아온 나에게, 바우하우스는 건축사에서 빨간 줄을 그어가며 공부해야 했던 부분일 뿐이었다. 다시 말해 그 시기 독일의 역사적 배경에 대해 그리 심도 있게 파악하는 정도는 아니었다는 것이다.

내가 바우하우스에 대해 다시 책을 찾아보고, 이 시기의 독일 역사에 호기심을 품고 자료를 찾아보았던 것은 독일에서 일하기 시작하면서부터였다. 퀼른에서 일하던 시절, 나는 호텔 디자인을 전문으로 하는 스튜디오에서 근무했는데, 내가 가장 참을 수 없었던 것이 대량 생산을 위한 매뉴얼 작업을 하는 것이었다. 그것은 우리나라 건설회사에서 근무했던 경험과 아주 비슷한 것이었는데, 예를 들면 한 개의 옷장을 디자인해서 백 개의 객실에 설치할 수 있게끔 하는 것, 살짝 변형해서 천 개의 객실까지 설치할 수 있게끔 하는 일이었다. 대량 생산이 불가능하거나 제작상 비용이 많이 들어가는 디자인 시안은 당연히 채택되지 않았다. 철저하게 기성품으로 생산될 수 있어야만 프로젝트에 적합한 제품으로 탄생할 수 있었다. 그 작업을 하는 과정에서 나는 호텔 디자인에서 두각을 나타내는 스튜디오들이 왜 영미 또는 독일의 스튜디오들일 수밖에 없는지 이해할 수 있었다.

개인 프로젝트를 중심으로 했던 이탈리아에서의 작업은, 물론 생산비용에 대한 고려를 하기는 하지만 대량 생산이나 매뉴얼화를 하는 일과는 전혀 상관없는 것이었다. 그런 프로젝트를 진행하는 데는 창조적이고 유연성 있는 사고가 필요하며, 개별적인 개성을 가진 결과물이 중요하게 여겨졌다.

하지만 호텔과 같은 대량 생산 체계의 디자인에서는 명확하게 매뉴얼화되어 있지 않고 프로세스가 정립되어 있지 않은 일은 커다란 리스크로 존재하게 된다. 따라서 미적 개념도 물론 중요하지만, 비즈니스 측면에서 정확한 프로세스와 가격에 기준을 둔 생산 및 디자인 매뉴얼이 무엇보다 중요하다. 왜냐하면 디자인의 성패 못지않게 비즈니스의 성패가 중요한 세계이기 때문이다. 사실 이러한 디자인 프로세스가 여태 내가 해오고 즐겨왔던 디자인 작업과는 거리가 좀 멀었기 때문에

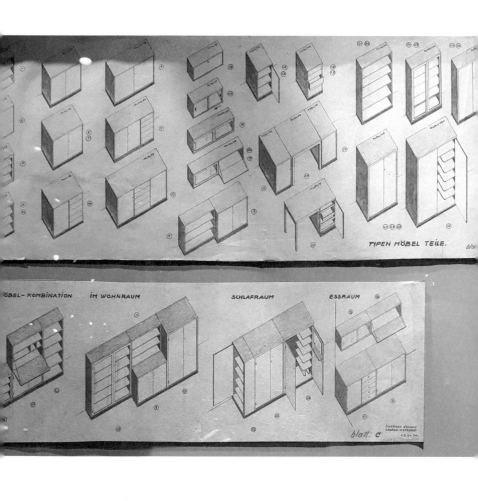

TIPEN MÖBEL TEILE.

MÖBEL- KOMBINATION   IM WOHNRAUM   SCHLAFRAUM   ESSRAUM

blatt: c

바우하우스의 모듈화와 표준화. 가구에 대한 개념의 혁신이었다.

나는 금방 이 일에 흥미를 잃고 말았다.

바우하우스의 나라 독일에서 이렇게 흥미 없는 디자인 프로세스라니…. 나는 온통 불만투성이였다. 나는 바우하우스의 탄생이 디자인 및 조형적 가치와 현대의 디자인에 미친 지대한 영향력을 인정하지만, 독일의 문화적 후발성에서 시작된 것이라고 생각하고 있었다. 오랜 역사에 기반한 미적 감각이 부족하고 예술과 장식의 역사가 상대적으로 미천한 독일이었기에 장식을 부정하고 기능적인 부분에만 중점을 둔 것이라고 생각했던 것이다.

독일 어느 곳을 다녀도 그다지 훌륭하게 보이지 않는 문화유산들은 항상 눈에 거슬렸다. 건물에 붙어 있는 조각상들의 거친 표현들, 이탈리아로 따지면 학생 작품 같아 보이는 회화들이 문화유산급의 건물들에 설치된 것이 우습기까지 했다. 아기자기한 모습이라고는 찾아볼 수 없는 쇼윈도와 지나치게 획일적인 간판들을 보며, 애당초 미적 감각이 없는 사람들이 기능주의에 눈을 떠서 발생하게 된 현상이라고 나는 나름 바우하우스에 대한 해석을 내리고 있었다.

그날 데사우의 바우하우스를 찾아가지 않았더라면 아마도 내 생각은 딱 이 정도에 머물러 있었을 게 틀림없다. 바우하우스와 함께 100년을 맞이한 바이마르공화국과의 연관성을 찾을 수 없었더라면 말이다.

폭풍의 역사와 바우하우스

바이마르공화국은 1919년에서 1933년까지, 즉 1차 세계 대전과 2차 세계대전 사이에 존재했다. 이 시기 역사의 소용돌이를 겪지 않은 나라가 얼마나 있었을까? 1919년은 우리나라 역시 역사적인 사건들이 있었던 해이다. 1919년 고종황제가 서거하였고 3·1운동이 전개되었으며 대한민국 임시정부가 수립되었다. 러시아 사회주의혁명 이후, 유럽 세계와 마찬가지로 사회주의사상이 전파되었다. 일본 제국주의의 식민지 수탈과 싸우면서 동시에 사상의 갈등이 불거지던 그런 시기였다.

1차 세계대전에서 패망한 독일은 최초의 민주주의 공화 국인 바이마르공화국을 건립했다. 독일의 민주주의 공화국 수립 과정은 프랑스나 영국처럼 시민들의 혁명에 의한 것이 아니라 위로부터 급진적으로 만들어진 거였다.

독일은 영국이나 프랑스같이 아래로부터의 혁명을 통해 민주주의를 이루지 못한 채, 늦게 시작된 산업혁명으로 인해 빠른 경제성장이 절실한 상태였다. 더더군다나 1차 세계대전의 패망은 독일의 경제를 더 어렵게 만들었다. 따라서 독일에 필요한 것은 이 시기를 극복할 수 있는 새로운 정부와 경제의 신속한 부흥이었다. 이러한 열망에 의해 독일 최초의 민주공화국인 바이마르공화국이 탄생한 것이었다.

바이마르공화국은 서구 민주주의를 헌법으로 집대성한 바이마르 헌법을 만들어냈으며, 이 헌법은 이후 서독 헌법의 근간이 되었다. 이 시기 이미 국민의 기본권과 사회보장권이 헌법에 의해 보장되었으며 의회제와 정당제의 내용을 포괄하고 있었다. 바이마르 헌법은 가장 자유로운 민주적 헌법이었고, 민주주의의 미래를 내다볼 수 있는 앞서가는 헌법이었다.

바우하우스는 산업혁명의 후발주자인 독일의, 획일적인 공산품을 생산하여 전쟁을 극복하고 생산성을 높이고자 하는 사고에서 출발한 것만은 아니었다. 또 예술과 수공예를 통해 디자인의 미적 가치를 창출하고 대량 생산을 위한 기틀을 마련하는 것에 국한된 것도 아니었다. 그들이 원한 것은 삶의 변화였다. 그들은 기존의 사고를 반전시켜 세상을 보았고 새로운 세계를 만들어내는 것에 더 큰 관심을 가졌다. 그것은 바우하우스의 교육과정이 철저하게 자유로운 방식으로 진행되었기 때문이며, 기존의 질서들을 자유롭게 돌아보고 분석할 수 있었기 때문이었다. 이것이 바로 초기 바이마르공화국이 추구했던 이상이었을 것이다.

데사우의 바우하우스에서 가장 눈여겨본 것은 바로 주방을 만드는 과정이었다. 아무래도 다양한 주택의 인테리어 설계를 오랫동안 해온 나로서는 그냥 지나칠 수 없는 부분이었다. 그 이전에는 각각의 기능에 의해서 만들어진 싱크대, 가열대, 찬장과 작업대가 작업자의 편의와 상관없이 주방이라는 공간에 나열되어 있었다. 한데 바우하우스의 디자이너들은 주방에서의 동선에 집중했다. 작업의 순서, 작업을 하는 움직임, 사용 빈도, 이 모든 것들이 이들의 머릿속에서 데이터화되었다. 그리고 이 데이터를 이용해 도면화를 진행했다. 그리고 이 도면을 바탕으로 새로운 주방을 만들어냈다.

얼핏 요즘의 디자인 프로세스와 비교해 그다지 다를 게 없어 보이지만 당시로서는 획기적인 발상이었다. 주거 환경에 불편이 있는지 없는지 생각하지도 못했고, 만일 불편이 느껴졌더라도 주방이란 당연히 그런 것이라고 생각하던 시절이었다. 그런 사람들에게 새로운 가능성, 보다 나은 라이프 스타일을 제시해준 것이다. 이러한 라이프 스타일 프로세스가 100년 전에 진행되었다는 것은 정말 놀라운 일이 아닐 수 없다.

더군다나 주방이라니! 당시에 여성들이나 신분이 낮은 사람들이 일하는 공간을 라이프 스타일 개혁의 공간으로 인식하고 접근했다는 것부터가 놀랄 만한 일이다. 이 대목에서 바이마르 헌법이 여성의 참정권을 보장한 헌법이라는 사실을 짚고 넘어가고 싶다. 새로 탄생한 민주주의국가의 민주주의 헌법이 표방하는 새로운 세계는 과거의 비민주주의적이고 타성에 젖은 것들을 타파하고 새로움을 추구하는 것이었다. 이들은 라이프 스타일을 분석해 표준화하고, 모듈화된 디자인을

○

바우하우스의 주방 표준화 모듈화 작업.
라이프 스타일의 변화를 이끌었다.

제안하여 지속성 있는 생산을 이끌었다.

주방의 모듈화를 예로 들었지만, 이 표준화와 모듈화의 결과들은 다양한 디자인의 요소, 디자인 제품, 그리고 건축에 이르기까지 포괄적으로 나타났다. 특히 데사우 시기(바우하우스의 전성기)의 바우하우스는 본격적으로 조형과 예술을 결합하고 삶의 형태를 반영하는 무수한 시도를 했다.

바우하우스 하면 가장 먼저 머릿속에 떠오르는 바시리 체어를 보면, 구조적·기능적으로 완벽한 의자, 그리고 혁신적인 자재를 사용한 의자에 대한 디자인 혁명을 생각해볼 수 있다. 하지만 더 중요한 것이 있다. 이 의자가 사용된 공간을 떠올려보는 것이다. 그 공간은 이미 장식의 세계와 분리된 별개의 기능적인 공간이었을 것이다. 최소한의 요소로 극적인 미적 구조를 갖춘 이 의자가 그 공간에 던져줄 의미를 한번 생각해보라. 아르누보의 공간에서 아르누보의 의자를 사용하던 사람들과는 분명 다른 삶의 방식을 가진 사람들의 것이었을 터이다. 이 의자를 사용한 사람들은 의자의 구조가 철과 가죽으로 되었다는 것을 받아들일 정도로 새로움에 대한 열망을 갖춘 이들이었을 것이며, 생활 속에서 그 새로움을 과감히 채택할 만한 용기가 있는 사람들이었을 것이다.

그것은 단순히 제품을 선택하는 과정이 아니라, 바우하우스의 디자이너들이 꿈꾸었던 새로운 라이프 스타일을 선

○

바우하우스의 정신을 가장 잘 보여주는 바실리 체어

택하고 도전하는 과정이었을 것이다. 발터 그로피우스(Walter Gropius)의 이러한 바우하우스의 이상이 그대로 실현된 곳이 바우하우스 캠퍼스이다. 바우하우스 캠퍼스는 그 자체만으로도 바우하우스의 이상을 충분히 느낄 수 있다. 사실 내부의 계단이나 복도를 걷다 보면, 초중고 시절의 학교 건물을 떠올리게 하는 부분이 있다. 너무나도 기능적이라 조금은 낯설고 경직된 느낌이 든달까. 그런데 정반대로 그 정제되고 간소화된 공간 안에 가구, 조명, 스위치 등 하나하나의 모든 요소들이 계획되어 있는 것 같다. 그것은 장식을 할 줄 몰라서 외면한 것이 아니라, 조형적 요소의 통합을 통해 예술적 가치를 표현하려한 그들의 신념에 따른 것일 테다.

바이마르공화국의 정치적 혼란, 이념의 대립, 복잡한 정세 속에서 바이마르 헌법의 가치를 디자인으로 실현해나갔던 바우하우스 캠퍼스는 이후 나치의 탄압을 피해 베를린으로 옮겨가게 되었고, 일 년 후 결국은 폐교에 이르렀다. 바우하우스가 폐교를 당한 것은 바이마르공화국이 나치에 의해 막을 내린 것과 동시에 일어난 일이다. 이후 독일은 나치 체제하의 암흑 시기로 접어들게 된다.

아직도 계속되는 바우하우스의 정신

데사우 바우하우스 캠퍼스에서 한 10분 정도 걸어가면, 그 당시 교수들의 집들이 나온다. 그로피우스의 집이 가장 앞에 있고, 클레와 칸딘스키의 집이 대중에게 오픈되어 있다. 복원 과정을 거쳐 2019년부터 방문객을 맞게 되었다고 한다.

바우하우스 100주년을 맞은 지금 보아도, 너무나도 새롭고 도전적인 집들이다. 바이마르공화국의 사회적·정치적 혼란기에 이 도전적인 예술가들이 모여 이곳에서 교육을 받고, 자기 작업을 했을 것이다. 마을에 함께 거주하며 밤이고 낮이고 서로 토론했을 것이 틀림없다. 스스로 만든 이 새로운 주거 양식에서 자신을 실험하고 새로운 삶의 방식을 직접 느껴보면서 지속해서 발전시키고자 했을 것이다. 이들은 기능적 가치를 충족시키는 조형적 결과물을 만드는 것에 만족하지 않았을 것이다.

세상을 놀라게 한 새로운 민주주의 공화국의 혁신적 도전에 바우하우스는 과학성과 예술성으로 동조했다. 바이마르 공화국은 불운하게 막을 내렸지만, 바우하우스는 아직도 막을 내리지 않았다. 그들이 창조한 새로운 삶의 방식은 여전히 지속되고 있다. 바우하우스가 연구하던 라이프 스타일은 아마도 100년 후인 지금의 우리 라이프 스타일과는 많은 차이가 있을

○

데사우 바우하우스 캠퍼스의 내부.
몬드리안의 그림과 같은 조형성을 보인다.

것이다. 바우하우스를 계승하는 것은 단순히 그들이 보여준 디자인의 외적인 측면이 아니라, 디자인을 풀어가는 방식, 삶에 집중하고 일상에 새로운 가치와 솔루션을 던져주는 방식으로 계승되어야 할 것이다.

그들이 보여줬던 표준화와 모듈화는 그 시절의 삶을 반영하는 동시에, 삶을 개혁시키는 방법론으로 제시되었다. 100년 이후의 우리 삶에 그들의 방식을 그대로 모방하는 것은 퇴보일 수도 있다. 그들이 제시한 것은 새로운 삶에 대한 방법론이지, 박제된 지식을 전달하려던 것이 아니었기 때문이다. 역사의 소용돌이 속에 데사우라는 곳에 뿌리를 내렸던 바우하우스, 그리고 파괴되고 다시 복원되었던 오랜 세월을 생각해봤다.

해 질 무렵에야 나는 다시 베를린행 기차를 탔다. 데사우에서 베를린으로 돌아오는 기차 안에서 내 마음속에 이런저런 생각이 파고들었다. 디자이너라고 내 소개를 하면서도 언제나 의구심을 가지고 있었다. 이 일을 언제까지 할 수 있을지 고민도 많이 했고, 언젠가부터는 내 일이 삶의 무게로 느껴진 적도 있었다. 하지만 분명한 것은 새로움 앞에 굴복하지 않고 계속해서 내 삶을 둘러싼 변화들을 살피기를 게을리 하지 않았다는 사실이다. 내로라하는 디자이너는 아니지만, 끊임없이 고민하는 디자이너의 삶을 살았다고 자부할 수 있다.

통일 독일의 베를린으로 다시 돌아와, 역사의 광풍 속에

○

파울 클레의 집. 파울 클레의 색채감과 조형감이 그대로 반영되어 있다.

굵고 짧게 시대의 사명을 다했던 디자이너들에게 경의를 보냈다. 분단의 시기를 끝내고 바우하우스 100주년을 통일 30주년과 함께 기억할 수 있게 된 독일인들에게 또 다른 의미의 축하를 보냈다.

베를린의 숙소에서 다시 하루를 보내고 아침 일찍 밀라노로 돌아가기 위해 테겔 공항으로 향했다. 출발 전 아침 일찍 뉴스를 보다가, 갑자기 이탈리아에 바이러스 감염자가 몇 명 발생했다는 소식을 들었다. 모든 것이 갑작스러워 어리둥절한 마음으로 공항에 도착해보니 입국자들을 대상으로 열 체크를 하고 있었다. 베를린에서 독일을 휩쓴 역사의 소용돌이를 체감하고 돌아온 내가, 이제부터 또 다른 전쟁이 시작될 것이라는 걸 예감하기엔 아직까지는 세상이 너무나 평화로웠다.

다시
이탈리아로

epilogue
에필로그

코로나바이러스가 시작되기 전인 2019년 여름, 나는 이 책을 쓰기 시작했다. 나의 이탈리아에서의 생활과 유럽에서의 경험을 한 권의 책으로 정리해보고 싶다는 생각 때문이었다.

글을 쓰고 있던 중에 코로나바이러스가 이탈리아에 갑작스럽게 확산되었는데, 이때 나는 도망치듯 한국행 비행기를 탔다. 이탈리아의 바이러스 확산은 곧 심각한 상태에 이르렀다. 유럽 내외의 국가들이 이탈리아 항공노선을 차단하기 시작했다. 내가 살고 있는 밀라노는 단 한 개의 공항만 남겨두고 모든 공항이 폐쇄되었다. 이탈리아는 섬처럼 남았고 록다운이 시작되었다. 나는 일요일 아침, 공항을 향해 운전하고 있었다. 이미 몇 번의 항공권 예약과 취소가 반복된 후였다. 공항으로 가는 도중에도 또다시 비행편이 취소될 것만 같아 온통 불안한 마음뿐이었다.

집에서부터 공항까지 이르는 고속도로에는 통제를 하는 경찰과 군대 차량 이외에는 다른 차가 한 대도 보이지 않았다. 그날 초현실적으로 텅 빈 도로를 달리던 기억은 지금도 코비드 초기의 암울하고 공포스러운 느낌으로 남아 있다. 그로부터 꽤 오랫동안 하늘길이 닫혀버렸다. 그 이전에 자유롭게 이곳저곳을 떠돌아다니던 나에게 참으로 낯선, 멈춤이 시작되었다.

2020년 부활절, 유튜브를 통해 화제가 된 영상이 있다. 세계적으로 유명한 이탈리아의 성악가 안드레아 보첼리가 밀라노 대성당 앞에서 〈아베 마리아〉를 부르는 영상이었다. 두오모 앞의 광장은 정적이 감돌고 인적은 보이지 않았다. 광장을 수놓던 그 많은 비둘기들도 먹이를 주던 사람이 오지 않자 모두 떠나버렸다. 두오모 꼭대기의 황금빛 마돈나 상이 여전히 그들을 바라보고 있었지만, 사람들은 저마다 자기 집에서 문을 걸어 잠그고 스스로를 지키기 위한 사투를 벌이고 있었다. 그 것은 바이러스와의 사투이기도 하며 집이라는 갇힌 공간에서 지루함과 답답함을 이겨내려는 자신들과의 싸움이기도 했다.

밀라노 대성당을 배경으로 광장을 향해 노래를 부르는 안드레아 보첼리가 그 시간 그곳에서 유일하게 숨을 쉬는 존재 같았다. 문득 안드레아 보첼리가 세상을 보지 못하는 사람이라는 사실이 다행스럽게 느껴졌다. 만일 그가 눈을 뜨고 세상을 본다면 이 텅 빈 광장 앞에서 노래를 부르기 전, 목 놓아

울어버렸을지도 모른다고 생각했다. 두오모 앞의 광장이 사막처럼 쓸쓸해져버린 현실을 그곳에 서 있지만 눈으로 목격하지 못한 그는, 담담하게 상처받은 세상을 위한 위로의 노래를 불렀다. 눈이 아닌 가슴으로 참혹한 현실을 목격한 한 이탈리아 남자의 심장에서 울려 나오는 아름다운 노래였다.

나는 길다면 길고 짧다면 짧은 시간을 이탈리아에서, 유럽에서 살았다. 그들과 같아지려고 노력한 적도 있었고, 이해가지 않는 것을 따지기도 했으며, 그저 마음에 묻어두기도 했다. 그러면서 차츰차츰 유럽을 알아가기 시작했다. 이제 겨우 나의 탐색전이 끝난 것인지도 모르는 시점에, 바이러스로 인해 유럽이 마비 상황에 이르렀다. 경험해보지 못했던 새로운 바이러스 앞에서 유럽의 시스템은 제대로 작동하지 않았다. 유럽 사회는 말 그대로 멈춰 섰다. 관광객이 언제나 가득하던 루브르 미술관과 바티칸도 문을 닫았다. 베니스의 곤돌라는 더 이상 물 위를 떠다닐 수 없었고, 언제나 수많은 관광객으로 붐비던 아름다운 광장들은 생명이 없는 사막처럼 변해버렸다. 역사와 문화의 나라라고 일컬어지던 많은 유럽의 나라들이 바이러스 앞에 무너졌다. 그리고 무기력하고 시스템이 작동하지 않는 유럽의 현실 앞에서 유럽에 대한 환상 또한 무너졌다.

나의 글은 완성되었으나, 바이러스는 끝나지 않았고, 나는 다시 이탈리아로 돌아왔다. 여러 번의 반복되는 록다운과 혼란스러운 각양각색의 통제 시기를 겪었다. 삶은 생각지 못한 방식으로 변해버렸다. 대면을 하지 않으면 개인사도 비즈니스도 이루어지지 않는 이탈리아에서, 온라인 미팅은 일상이 되었다. 직접 만나 몇 시간을 함께 떠들어야 완성되던 일들이 이제는 메일과 전화 그리고 온라인 미팅만으로도 해결되는 시대가 되었다. 하루 만에 배달이 완료되는 택배 시스템도 이전에는 상상조차 못 하던 일이었다. 집에서 모든 종류의 음식을 배달로 주문해서 먹는 시대가 이탈리아에도 도래했다. 그리고 슬프게도 악수를 하고 볼에 두 번의 키스를 하는 인사법도 점차 잊히고 있었다.

2021년 백신을 맞고, 여름 휴가를 다녀온 이탈리아 사람들은 코로나와의 공존을 기정사실로 받아들이고 있다. 코비드 기간 동안 통계적으로 평균수명이 단축될 정도로 큰 피해를 입은 이탈리아인들이었지만, 그 또한 담담히 받아들일 수밖에 없다. 안드레아 보첼리는 더 이상 텅 빈 광장에서 노래를 부르지 않을 것이며, 조르지오 아르마니의 패션쇼는 무대를 보기 위해 몰려온 사람들을 맞아들일 것이다. 사람들은 광장에 모여 다시 웃고 떠들며, 아무 일 없었던 듯 서로를 부둥켜 안고 반가움의 키스를 나눌 것이다.

많은 사람들이 코비드를 계기로 유럽에 대한 환상이 무너졌다고들 한다. 하지만 코비드란 사건이 이들에게 있어서 성공의 역사로 자리할 것인지, 패배의 역사로 자리할 것인지, 미리 판단하고 싶지는 않다. 단, 시대를 흔들어 변화를 일으킨 거대한 역사적 사건이었음은 부정할 수 없을 것이다.

코비드 이전의 세계와 이후의 세계가 어떻게 달라질까 수많은 예측이 있지만, 그 변화는 그 역사 속에 몸소 살고 있는 우리들이 차차 목격하게 될 것이다. 나는 긴 멈춤 끝에 다시 조심스러운 방랑을 시작하려고 한다. 이 책은 코비드 이후의 새로운 세계가 펼쳐지기 전의 유럽에 대한 내 경험의 에필로그라 해두는 것이 좋겠다.

그래서 유럽풍이란 게 뭔가요

1판 1쇄 발행 2022년 1월 14일

지은이 이은화 | 펴낸이 윤혜준 | 편집장 구본근 | 디자인 오필민디자인 | 마케팅 권태환

펴낸곳 도서출판 폭스코너 | 출판등록 제2015-000059호(2015년 3월 11일)
주소 서울시 마포구 월드컵북로 400 문화콘텐츠센터 5층 9호(우 03925)
전화 02-3291-3397 | 팩스 02-3291-3338 | 이메일 foxcorner15@naver.com
페이스북 www.facebook.com/foxcorner15
인스타그램 www.instagram.com/foxcorner15

종이 일문지업(주) | 인쇄·제본 수이북스
ⓒ이은화 2022

ISBN 979-11-87514-78-7 03920